Perfiles | Situaciones | Caracteres

Inspirados en Teofrasto, Jean de la Bruyre & Alvaro Uribe

Jorge Pinto Mazal

JORGE
PINTO
BOOKS

Perfiles, Situaciones, Caracteres,

Inspirados en Teofrasto, Jean de la Bruyère y Alvaro Uribe

Composición tipográfica: iStudio Publisher
ISBN: 978-1-7364215-9-8

Indice

INTRODUCCIÓN

La idea de escribir las siguientes notas acerca de la naturaleza humana con base en los atributos de personajes de mis novelas favoritas se inspiró originalmente en el libro *Caracteres* de Álvaro Uribe. Gracias a esta obra descubrí a Teofrasto y a Jean de la Bruyère, autores que en su tiempo publicaron importantes libros que describen prototipos o caracteres.

Álvaro Uribe señala en su prólogo que el filósofo griego Teofrasto estudia "treinta bosquejos o caricaturas de personajes arquetípicos, prototípicos o meramente típicos que la posteridad conoce como *Caracteres morales* ('Ethikoì Xaraterês)." Uribe añade enseguida que "no habría poesía épica sin la Ilíada, lírica sin Estesícoro, diálogo filosófico sin Platón [...]" ni, "más modestamente, [...]caracteres sin Teofrasto". En el Proemio a su obra, Teofrasto relata cómo a los noventa y nueve años, "después de haber observado detenidamente a hombres de buenas y de malas costumbres [...]", decidió " describir la conducta de unos y de otros y exponer "cómo se comportan en su

7

día a día".

En 1636 Jean de la Bruyère, novelista e historiador francés, tradujo el texto de Teofrasto al francés. Más tarde escribió una obra similar con reflexiones y observaciones sobre sus contemporáneos, organizándolas bajo un cierto número de encabezados que dicen todos "Caracteres". El libro fue publicado en 1688 bajo el título original *Les Caractères ou les Moeurs de ce siècle*. Su aparición granjeó a de la Bruyère numerosos enemigos que se veían reflejados o reconocían a sus parientes entre líneas. En 1691 de la Bruyère trata de ser elegido como miembro de la Academia Francesa, pero sus esfuerzos prosperarán sólo dos años después gracias al apoyo de sus amigos, Racine, Boileau y Pontchartrain, quienes usan su influencia para asegurar su nominación. Sin embargo su discurso de bienvenida en la Academia no fue bien recibido, ya que defendía a los partidarios de lo clásico y atacaba a los modernos. El discurso incluía además un prefacio satírico que emulaba *Les Caractères* y ridiculizaba a sus enemigos. La obra de de la Bruyère estaba dividida en dieciséis capítulos, entre los que destacan los dedicados a las mujeres, a la fortuna, al afecto, a la corte, a las personas de mérito, a la humanidad, a la moda, a las opiniones y a los clasicos.

Mi idea de buscar descripciones de situaciones, conductas y características diversas de los seres humanos en novelas se inspira también en los cincuenta tipos de emociones que Baruch Spinoza, uno de los filósofos más importantes e influyentes de la historia, describe su obra célebre *Ética: demostrada según el orden geométrico*. Para la concepción de este ensayo me ha resultado asimismo provechoso el concepto de las "necesidades" que, según Schopenhauer, determinan el comportamiento humano.

El presente ensayo no tiene un formato propiamente académico ni pretende alcanzar el rigor, el carácter o el color de las obras mencionadas. Se trata más bien de una libre selección de pasajes de novelas clásicas y contemporáneas, cuyas tramas están ligadas a situaciones o al carácter de personajes que manifiestan ciertas propiedades y concepciones. Varios apartados se refieren a tragedias humanas cotidianas y a sus consencuencias, en particular al engaño, a la seducción y al adulterio. En este contexto me referiré a *Anna Karenina* de Leon Tolstóy, *Adolfo* de Benjamin Constant y *Casanova en Bolzano,* también conocida como *La amante de Bolzano*, de Sándor Márai. El ensayo incluye también una sección que habla de la cultura del caminante o de las caminatas, en donde se rememoran las novelas de Thomas Hardy, los esplendorosos paisajes que sus personajes contemplan al viajar por la campiña inglesa y los libros de viajes. En el apartado *La muerte y los que la enfrentan*, se evocan los nombres de Séneca (*Letters on Ethics*), de Montaigne (*Ensayos*), Spinoza, Schopenhauer, Tolstói, Thomas Mann e Irvin Yalom. Todos ellos han abordado algún tema relevante que nos ayuda a comprender mejor la naturaleza humana. En el apartado *El Terrorista* se reseñan dos obras maestras de Joseph Conrad, escritas hará más de un siglo: *Bajo la mirada de Occidente* y *El agente secreto*, cuyos fanáticos personajes se valen del terror para promover sus intereses o los de los gobiernos que los manipulan. En este apartado se ahonda en la compleja y controvertida novela *Los demonios,* también traducida como *Los endemoniados*, de Fiódor Dostoyevski. Esta obra clásica retrata con crudeza el carácter del anarquista, el personaje principal, así como el del grupo de nihilistas que le rodean y provienen de las más diversas clases sociales en la Rusia del siglo XIX.

En el apartado *Los Amigos* se reseñan algunos libros que contienen correspondencia entre personalidades célebres: el intercambio epistolar entre Thomas Mann y Hermann Hesse, ambos grandes escritores alemanes que se hicieron merecedores del Premio Nobel de Literatura; las cartas que la famosa autora rusa Lou-Andreas Salome envió al poeta Rainer Maria Rilke; las que se dirigieron Vita Sackville-West y Virginia Woolf, y algunas otras más. En el apartado final *La soledad o Los Solitaries* se destacan *Crimen y castigo* de Fiódor Dostoyevsky, *Los Cuadernos de Malte Laurids Brigge*, el libro/diario de Rilke, *La caída* de Albert Camus, y la controvertida novela de Michel Houellebecq, *Sumisión*.

Seductor (a) Seducido (a).

Asociamos espontáneamente el carácter del seductor con personajes como Don Juan y Casanova, en muchos casos con el genérico Playboy. Son abundantes las obras artísticas que tematizan la figura de Don Juan, las más destacadas de entre ellas la célebre ópera de Mozart *Don Giovanni*; los poemas de Lord Byron y Guillaume Baudelaire; las obras de teatro de Molière, Juan Zorrilla, Miguel de Unamuno, Jacinto Benavente e Ingmar Bergman; las novelas de Azorín, Peter Handke, Apollinaire, Luis Spota y José Saramago; las películas de Salvador Toscano y Roger Badin. Desde luego esta lista es arbitraria y nos faltaría mencionar decenas de obras que no llevan el título del Don Juan pero ofrecen una interpretación de su figura y su simbolismo.

Más allá del símbolo de Don Juan hallamos numerosos libros, novelas, textos y manuales que abordan desde distintos ángulos la conducta o el fenómeno del seductor. Este calificativo o tipo de conducta se aplica por lo general a los varones, aunque hay y ha habido seductoras famosas. Pensemos por ejemplo en Cleopatra, cuya belleza encantó a César y luego a Marco Antonio. La célebre reina de Egipto ha sido representada por prestigiosos artistas en pinturas, esculturas, obras de teatro, novelas y películas. Baste ahora mencionar la famosa tragedia *Antonio y Cleopatra* de William Shakespeare, la ópera de Georg Friedrich Händel *Julio Cesar en Egipto* y la película *Cleopatra* protagonizada por Elizabeth Taylor en 1963. Otra célebre y reconocida seductora es Margaretha Geertruida MacLeod, mejor conocida como Mata Hari, cuya azarosa vida como espía durante la Primera Guerra Mundial ha inspirado varias películas, entre ellas una protagonizada por Greta Garbo en 1932.

Uno de los libros más reconocidos sobre el tema es el *Diario de un Seductor*, escrito por el famoso filósofo y teólogo danés del siglo XIX Sören Kierkegaard. La obra describe el deseo del narrador Johannes -célebre prototipo del seductor Don Juan-, quien diseña una estrategia para enamorar y finalmente obtener los favores de Cordelia, el personaje femenino.

El libro de Kierkegaard relata las reflexiones de Johannes sobre el arte de la seducción mediante un recurso literario original: la transcripción de las entradas de un diario y de las cartas que el seductor escribe a la destinataria de su conquista para poner a prueba sus métodos y teorías. En las cartas Kierkegaard muestra los pasos que sigue Johannes para manipular a Cordelia, conquistarla y lograr finalmente su propósito de poseerla. En estas cartas se disciernen la maquinación, la persuasión y finalmente la fabulación a las que recurre Johannes. Las respuestas de Cordelia proyectan en cambio su resentimiento por haber sido seducida y posteriormente abandonada, aunque revelan al mismo tiempo su esperanza de recuperar el amor perdido.

Merece atención la obra de Robert Greene *El arte de la seducción*. Sin ser un manual, el libro explora el concepto de seducción evocando figuras históricas como Cleopatra y Casanova. *El arte de la seducción* es una continuación de la exitosa obra del mismo autor, *Las 48 leyes del poder,* en donde Greene considera la seducción como otra manifestación de poder. El libro se divide conforme a categorías o tipos de seductores, incluido un "anti-seductor", así como según distintos géneros de víctimas. Para ilustrar sus clasificaciones, Greene se apoya en ejemplos concretos de personalidades de la antigüedad reconocidas y describe además "técnicas de seducción" para lograr que alguien caiga bajo el hechizo amoroso.

Consideremos ahora una novela clásica que pone de relieve el prototipo de seductor: *Adolfo* de Benjamin Constant, publicada por primera vez en Londres y París en 1816. El libro ha logrado cautivar a numerosos académicos y lectores románticos. Por ejemplo el director francés Benoît Jacquot adaptó *Adolfo* en una película del año 2002 protagonizada por la célebre actriz Isabelle Adjani.

Algunos críticos piensan que *Adolfo* es una novela autobiográfica, ya que Constant fue igualmente un seductor en la vida real. A semejanza de Adolfo, el narrador de la novela, Constant se sentía atraído por mujeres mayores que él, particularmente por mujeres casadas a quienes sus maridos descuidaban, siendo así vulnerables emocionalmente y posibles presas fáciles de amantes hábiles.

Constant tuvo de hecho una relación amorosa de 15 años con Germaine de Staël, con quien le unía no sólo un nexo emocional, sino además una gran afinidad en temas políticos. Cuando Constant se vio obligado abandonar el París de Napoleón y a exiliarse en el Château de Coppet, propiedad de la familia de Staël en las cercanías de Ginebra, organizó reuniones célebres de estilo "Salón" a las que asistían refugiados y pensadores políticos para hablar sobre eventos internacionales. Ya antes de que se publicara *Adolfo*, Mme. de Staël había escrito dos novelas que pueden ser consideradas como un "espejo inverso" de la novela de Constant. En ellas la víctima no es una mujer casada atormentada que se enamora perdidamente de un amante joven y egoísta, como es el caso en *Adolfo*, sino un hombre casado que se enamora de una mujer que le hace sufrir mediante las mismas armas que las empleadas por los seductores varones. Al igual que Constant, Mme. de Staël usó también los nombres propios de los personajes principales como títulos de las novelas: *Corinne* (1802) y *Delphine* (1807).

Adolfo está escrita bajo la forma del diario de un joven, cuyo manuscrito es enviado en una caja de madera por el dueño de una posada a un editor que estuvo aislado al mismo tiempo que un joven, posiblemente el autor, a causa de una tormenta de nieve. El editor describe así el contenido de la misteriosa caja: "una cantidad de cartas muy antiguas, ya sea sin dirección o en las que las direcciones y las firmas eran ilegibles, el retrato de una mujer y un cuaderno que contiene la historia".

Adolfo recuerda que a la edad de veintidós años su padre, un funcionario del gobierno, preocupado por la educación de su hijo lo envió "a una gira por los países europeos que consideraba, eran los más interesantes para un joven [...]". Sin embargo éste, "disfrutando de su libertad", prefiere llevar "una vida muy disipada". Adolfo rememora en su diario el momento en que se enamora de Ellénore, una mujer casada diez años mayor que él. Inicialmente, ella rechaza al joven pretendiente que quiere valerse de sus encantos para ganarse su amor. Ellénore terminará sin embargo renunciado a su estatus privilegiado y abandonando a su marido a cambio de una historia de amor fugaz, apasionada y finalmente dolorosa.

En un primer momento Adolfo halla profundo placer en su aventura de seducción y cuenta cómo "sus amigos y los hombres más jóvenes... estaban encantados con la habilidad con la que había suplantado al Conde", el marido de Ellénore. Relata además con agrado como sus amigos le felicitan por la conquista y se esmeran por imitarle

Ellénore siente justamente lo contrario al darse cuenta de que la opinión pública se vuelve en su contra. "Sus amigas y sus parientes rompen la conexión con la mayor ostentación posible". Los hombres en cambio se aprestan a solicitarla "porque ella todavía era atractiva y su reciente fragilidad les había dado aspiraciones que no hicieron ningún esfuerzo por disfrazar".

El comienzo feliz de la aventura se torna pronto en desgracia y aislamiento social de los amantes. El padre de Adolfo, preocupado por la futura carrera de su hijo, interviene para poner fin a la relación amorosa de su hijo. Al mismo tiempo, Adolfo comienza a aburrirse de Ellénore y prefiere acabar una aventura que ya se ha convertido en una pesada carga emocional y social. La novela de Constant profundiza en los sentimientos y el estado de ánimo de una amante desesperada, es decir, Ellénore, quien sufre por el distanciamiento de su amante, quien llega casi al extremo de la crueldad. Adolfo es consciente de que Ellénore ha sacrificado todo por él, justo cuando ella se halla aislada socialmente pero sigue estando profundamente enamorada de él. Adolfo percibe además de que una separación ocasionaría a Ellénore un dolor inmenso e incluso la impulsaría al suicidio.

En esta breve novela Benjamin Constant explora con notable conocimiento el contexto social de la Europa posterior a la Revolución Francesa. Constant muestra además una profunda comprensión de los sentimientos individuales y de la mentalidad de de quienes confunden el amor con el enamoramiento. Se trata de una novela que se ocupa de las relaciones poco saludables de seductores egocéntricos e inmaduros que buscan de preferencia personas frágiles. Esta índole de relaciones sufren siempre finales trágicos, ya que los seductores, una vez que logran su cometido, dejan de ser el "amante" solícito. Por vanidad se dejan amar, pero con el paso del tiempo se aburren y causan un enorme dolor en sus víctimas.

Hay muchas novelas que siguen el mismo patrón, como *Senso*, escrita por Camillo Boito y adaptada al cine por Luccino Visconti en 1954. *La Balada del Café Triste* de Carlson MaCullers retrata brillantemente este tipo de relación, pero en sentido inverso al describir una relación amorosa que distingue entre el "amante" y el "amado". Claramente "el amado es solo un estímulo para todo el amor almacenado que ha quedado en silencio dentro del amante durante mucho tiempo". El seductor es por el contrario egoísta y acumula relaciones que generalmente terminan en tragedia. En la novela de MaCullers el amado puede ser traicionero, engañoso y entregado a malos hábitos, y el amante puede ver esto claramente pero, eso no afecta la relación o el amor que siente por el amado.

Ana Karenina nos muestra la mirada obsesiva de de Tolstói hacia el amor, los celos, el adulterio y el declive de la aristocracia rusa.

La novela presenta uno de los más claros ejemplos del daño que un seductor, arrogante y egoísta puede infligir en su amante o en sus amantes. Junto con *La guerra y la paz*, *Anna Karenina* es una de las obras más conocidas del célebre escritor ruso. La primera fue publicada en 1869, la segunda en entregas parciales desde 1873 hasta 1877. Por lo general se les ha comparado en términos de sus diferencias de estilo. Para algunos estudiosos, la inclusión de ensayos en una narrativa que tiende a ser ficticia dificulta caracterizar a *La guerra y la paz* como una novela. Tolstói escribió una nota interpretativa titulada *Unas pocas palabras sobre la guerra y la paz*, en la cual confirmaba explícitamente que esta obra "no es una novela, y menos aún es un poema, y menos aún una crónica histórica". Conforme a esta explicación, *Anna Karenina* sería la primera novela de Tolstói. Otra diferencia importante concierne a la fecha de escritura de los dos escritos. Los acontecimientos narrados en *La guerra y la paz* ocurren durante la invasión francesa de Rusia en 1812, mientras que los relatados en *Anna Karenina* corresponden a los años en que fue redactada. Como la novela consistía en una serie que se completó a lo largo de varios años, Tolstói pudo presenciar y describir, a través de sus personajes, los cambios de la sociedad rusa, así como expresar sus ideas sobre su país y su propia clase social.

Anna Karenina es considerada, con razón, como una de las obras maestras de Tolstói. Sus retratos de los personajes y sus relatos de las extraordinarias situaciones históricas son convincentes. La novela hace gala del estilo característico del famoso novelista, permitiendo a los lectores explorar las complejas personalidades de los personajes, así como analizar sus deseos, ideas, gustos y emociones más íntimas. Abundan los diálogos y las conversaciones interesantes sobre los más diversos temas: desde los chismes más frívolos hasta las anécdotas más sofisticadas, como la educación, la religión, la moralidad, la política, etc.

Una característica de las novelas de Tolstói consiste en crear personajes creíbles, cuyas acciones son descritas con sumo detalle. Así, los lectores logran rápidamente identificarse con aquéllos. Su forma de escribir es una invitación para que los lectores sean testigos del relato compartan la atmósfera de diferentes situaciones, tales como asistir a eventos, a un baile, a un concierto, a una cena, a una cacería o a una carrera de caballos. Su rico lenguaje nos ayuda a descubrir las afinidades y antipatías ideológicas de los personajes. Muchas veces los personajes se inspiran en el autor mismo, o en sus parientes y amigos cercanos. Por eso las novelas de Tolstói son en cierta medida autobiográficas. Ello se advierte sobre todo en el carácter y las ideas de uno de los principales personajes de la novela: Konstantin Levin, alma afín del autor.

La novela exhibe la situación de la arrogante aristocracia rusa en decadencia: la minoría de reformadores progresistas que se atreven a desafiarla; el creciente "nuevo rico" que disfruta de los lujos y de un estilo de vida colorido; los miembros de la aristocracia del viejo mundo que luchan por preservar su costoso nivel de vida aumentando sus deudas y disminuyendo aceleradamente sus herencias y los ingresos de sus tierras. Tolstói retrata también aristócratas que se contentan con una vida sencilla. Se trata de personajes que se preocupan sinceramente por los problemas de los campesinos y piensan que la tierra es un tema relativamente importante en Rusia si se le compara con el resto de Europa.

Tolstói denuncia la doble moralidad de la alta sociedad de Moscú y Petersburgo que condena al ostracismo a la heroína Anna, quien elige sacrificar su honor y su familia por amor. Tras redactar los últimos capítulos de

Anna Karenina, Tolstói renegó de sus antecedentes aristocráticos y se concentró en escribir "cuentos que elevan la moral". Publicó docenas de folletos y ensayos que promovían los valores cristianos, en un intento de fomentar el cambio social. Dos años después de la publicación de *Anna Karenina* en 1889, Tolstói concluyó *La Sonata de Kreutzer*; esta novela inicialmente prohibida, es considerada uno de los mejores libros sobre los celos y la obsesión sexual. Muchos críticos piensan que coincide con *Otelo* de William Shakespeare, *El marido eterno* de Fyodor Dostoyevski, *Tess of the D'Urbervilles* de Thomas Hardy y muchas otras grandes novelas u obras de teatro que tratan de estos complejos y oscuros atributos emocionales de las relaciones humanas destructivas.

Anna Karenina tematiza la infidelidad enredada con los celos, uno de los sentimientos negativos que afectan a los personajes de la novela. Es posible encontrar algunas similitudes entre *Anna Karenina* y otras novelas románticas del siglo XIX en las que ciertas heroínas están casadas con un hombre mayor con altos cargos en la sociedad y rompen sus matrimonios enamorándose fatalmente de jóvenes funcionarios. Como ávido lector de literatura y política francesa, Tolstói estaba familiarizado con esa literatura y probablemente leyó *Adolfo*, la novela clásica de Benjamin Constant que he reseñado anteriormente. En ambas historias la heroína se enamora de un joven oficial bien parecido y vanidoso: Anna de Vronsky y Ellénore de Adolfo. Ambas renuncian a su estatus seguro y privilegiado al abandonar a sus maridos.

Pierden una vida cómoda y son rechazadas por la sociedad.

Sin embargo, las similitudes terminan ahí, ya que las historias se desarrollan de una manera diferente. A diferencia de Ellénore, Anna no es abandonada por su pretendiente. Vronsky está orgulloso de su conquista, pero además está cautivado por la belleza y la personalidad de Anna. Por eso la busca apasionadamente sin reparar en las consecuencias de involucrarse con una mujer casada. No pone excusas, quiere vivir con Anna e incluso le propone matrimonio. Adolfo, en cambio, se jacta de su conquista y disfruta de la fama adquirida por haber suplantado hábilmente o al marido de Ellénore.

Vronsky está perdidamente enamorado de Anna y por eso enfrenta los desafíos que le salen al paso. Evalúa abiertamente las opciones disponibles; piensa en voz baja las consecuencias que traería para Anna dejar a su marido y unir sus vidas. Se pregunta si está preparado para tal escenario, ya que no dispone de una gran fortuna y sobre todo porque se vería obligado a retirarse del ejército, siendo un prometedor cadete. Sin embargo la falta de dinero no sería necesariamente un problema, puesto que su familia es lo suficientemente rica para permitirles una vida cómoda en el extranjero. A diferencia del típico seductor, Vronsky está listo para sacrificar por Anna incluso una prometedora carrera militar.

Vronsky sabe también que los riesgos sociales de su decisión serían menores comparados con el beneficio de mejorar su imagen como un hombre sofisticado y mundano, pero verdaderamente interesado en su amante. "Era consciente de que no corría el riesgo de hacer el ridículo a los ojos de... la sociedad. Era consciente del hecho de que a sus ojos... la posición de un hombre persiguiendo a una mujer casada, y, a pesar de todo, apostando su vida por atraerla al adulterio, tiene algo elegante y grandioso, y nunca puede ser ridículo..."

Sin embargo, para Anna las consecuencias son enormes. No solo se trata del sacrificio de que conlleva renunciar a su cómoda posición social e incluso abandonar a su amado hijo. A diferencia de la admiración que despierta el seductor Vronski en la opinión pública, Anna se ve marginada por la sociedad y la mayor parte de sus "amigos" le dan la espalda y la critican duramente. La descripción que hace Tolstói de las reacciones ásperas a la conducta de Anna muestra uno de los lados más oscuros de la aristocracia rusa: "Un gran número de mujeres jóvenes que envidiaban a Anna y resentían que fuera admirada y se considerara virtuosa, se regocijaron por el cumplimiento de sus predicciones, y solo esperaban que un giro decisivo en la opinión pública cayera sobre ella con todo el peso de su desprecio. Ya estaban preparando sus puñados de lodo para lanzarse contra ella cuando llegara el momento adecuado".

Anna y Vronsky no son los únicos personajes importantes de la novela. El hermano de Anna, Stepan Arkadyich Oblonsky (Stiva), y su amigo Konstantin Levin, quien más tarde se convertirá en su cuñado, juegan un papel relevante en el relato. Encarnan dos personalidades muy diferentes que exhiben el contraste entre los dos estilos de vida en la antigua aristocracia de Rusia de aquel entonces.

Oblonsky es un funcionario gubernamental que goza de cierto prestigio y autoridad. Pero al mismo tiempo se vuelve irresponsable con su situación financiera, en la medida en que depende de dinero prestado para mantener un nivel de vida fuera de su alcance. Mientras se deleita con cenas elegantes, su familia está luchando y tiene que soportar los inconvenientes gastos de su casa de campo de verano, la cual necesita urgentemente reparaciones. Oblonsky es además un marido infiel que causa una gran humillación social a su familia.

Levin es por el contrario un personaje que representa los valores e ideas de Tolstói. Disfruta de una vida sencilla y austera en el campo, apoyada en la coexistencia pacífica con los campesinos. Siendo un miembro de la aristocracia que posee grandes extensiones de tierra, decide alejarse de lo que considera una vida frívola de ciudad. Levin tiene también un compromiso intelectual que consiste en escribir un libro sobre una posible agricultura que responda a los problemas particulares de los campesinos y terratenientes rusos. Es un idealista que sueña con una revolución no violenta, como atestiguan las siguientes líneas:

"Esto no es una cuestión de mí mismo individualmente; la cuestión del bienestar público entra en juego. Todo el sistema de cultura, el elemento principal en la condición de la gente, debe transformarse por completo. En lugar de pobreza, prosperidad general y convivencia, en lugar de hostilidad, armonía y unidad de intereses. En resumen, una revolución sin sangre, pero una revolución profunda, comenzando en el pequeño círculo de nuestro distrito, luego en la provincia, para seguir en Rusia y posteriormente en todo el mundo".

No he ahondado en varios personajes relevantes de la novela de Tolstói en, como es el caso del marido de Anna, cuya ira y cuyos dilemas chocan con la aventura sentimental de una esposa leal que termina siendo seducida por un joven cadete. Mi idea consiste en poner de relieve el carácter del seductor y señalar los trágicos desenlaces de la historia, así como las de sus víctimas, como sucede con Ana Karenina. Aunque estas novelas clásicas escenifican culturas y épocas lejanas y distantes, muestran aspectos de carácter universal y reproducen así con distintos matices los mismos caracteres y las mismas situaciones.

Casanova es otro nombre que se asocia con el carácter del seductor. A diferencia de Don Juan, nombre genérico utilizado como estereotipo de un seductor sinvergüenza, Giacomo Casanova fue un personaje de la vida real nacido en Venecia en 1725. En esa época Venecia tenía fama de ciudad libertina cuyo célebre Carnaval atraía turistas de los países más diversos. La madre de Casanova fue una actriz famosa y su padre un bailarín también actor. El contexto familiar, la atmósfera de una Venecia desordenada y visitada por personas de origen diverso podrían explican el carácter libertino de Casanova así como sus relaciones fugaces con mujeres descritas en su famosa autobiografía, *Histoire de ma vie* (*Historia de mi vida*)-considerada como una de las fuentes más autorizadas sobre las costumbres y normas de la vida social europea durante el siglo XVIII-.

El nombre de Casanova se ha hecho famoso por sus relaciones a menudo complejas y enredadas con las mujeres, a tal punto que hoy es sinónimo de "libertino". Casanova pasó los últimos años de su vida en Dux Chateau (Bohemia), fungiendo como bibliotecario en la casa del conde Waldstein, donde también escribió su autobiografía.

En 1940 el famoso escritor húngaro Sándor Márai publica una novela titulada *Vendégjáték Bolzanóban (Guest Game in Bolzano)*, que más tarde se traduciría al ingles como *Casanova in Bolzano* (2001) y al español como *La amante de Bolzano* (2003). Desde las primeras paginas el estilo de Márai permite reconocer el carácter del famoso seductor italiano, particularmente el carisma que sabe explotar para obtener todo tipo de provecho: dinero, favores de mujeres y sobre todo la fama que que termina siendo una llave para abrir todas las puertas posibles.

La historia comienza con la escapatoria de Casanova de una prisión de Venecia y su arribo a Bolzano, donde se hospeda en una pensión. Curiosamente, los hosteleros le ofrecen la habitación mas cara y ostentosa, a pesar de que aparece vestido en andrajos, de que dice abiertamente que no tiene dinero y de que su única posesión es un puñal veneciano. Márai describe así la reacción de las mujeres del pueblo al verle llegar y compararlo con otros varones: "hay hombres taimados, y también los hay vociferantes y gallardos que exageran y deforman sus sentimientos hacia las mujeres, y además los hay indiferentes, tímidos y aburridos... Y ninguno de ésos son hombres de verdad." Márai añade que al verlo ellas "comprendieron la fama que lo había precedido, y la inquietud que se había apoderado de la ciudad; parpadeaban, suspiraban, jadeaban, se oprimían el pecho."

Al igual que el verdadero Casanova, el personaje de Márai es también un poeta y un escritor que califica la escritura como "la fuerza más poderosa que existe; la palabra escrita tiene más poder que el papa, más que el rey, más que el dux." Para hacer aun mas nuestro ejemplo también lo corrobora así. "Hemos fijado los detalles de nuestra fuga por escrito, las letras han roto nuestras cadenas, las letras se han transformado en soga y en escalera de cuerda, las letras nos han conducido desde el infierno de regreso a la tierra."

Márai dedica todo un capitulo a exaltar el poder de la palabra escrita y el privilegio del escritor. Desde luego ser escritor no es un atributo del seductor convencional, si bien los poetas, los músicos, los novelistas y los artistas en general tienen fama de poseer un elan o atractivo especial que utilizan en muchos casos para obtener favores en el terreno sentimental. La novela de Márai presenta a su

Casanova como un seductor sofisticado. No solo lo retrata como el genuino y destacado autor de su célebre obra póstuma *Memorias de Casanova*. Además Márai hace mención en su novela de un senador veneciano seducido por Casanova que funge como su mentor/mecenas. Este personaje financia los excesos de su protegido, paga regularmente sus deudas de juego sin ponerle condiciones y perdona todas sus faltas, incluidas las de haber vendido un anillo de esmeraldas que constituía un recuerdo entrañable" y haber falsificado su firma. Tan pronto Casanova arriba a Bolzano, pide al senador una gran cantidad de dinero que éste le ofrece inmediatamente. El monto recibido permite a Casanova pagar la pensión y comprar un costoso ajuar que mejora su imagen y le brinda una herramienta más de seducción.

Aprovechando su fama de seductor, Casanova comienza a ganar dinero a cambio de consultas que ofrece a parroquianos en fila necesitados de respuestas o soluciones a los problemas que tienen con sus esposas o novias. Entre los atributos del seductor, Márai destaca el conocimiento de "mujeres de todas las edades [...]; "[el seductor]"conocía sus estados de ánimo, y por lo tanto las temía y vigilaba sus explosiones" y "le sorprendía la amplia variedad de los síntomas" de los que buscaban consuelo, reconociendo que "detrás de cada mal de amores aullaba la egolatría, tratando de salvar lo que se pudiera salvar, exigiendo todo lo que una persona puede exigir a otra, preferentemente sin entregar nada a cambio, nada verdadero o importante".

El elemento central de la novela es una presunta relación con Francesca, la esposa de un viejo Conde de Parma y pariente del rey de Francia, quien en el pasado le había herido gravemente en un duelo, pero por alguna razón que se desconoce le salva la vida.

Tras varios años, los tres involucrados se encuentran en la misma ciudad. El Conde había jurado matar a Casanova si se acercaba a la condesa. No obstante, el Conde hace una sorpresiva visita a la posada donde se hospeda el seductor. Después de un largo discurso sobre su avanzada edad, en la que se ha desprendido de todo, incluso "de la vanidad, la egolatría, las falsas ambiciones, los falsos temores", el Conde hablando de hombres de su edad, asevera: "ya no queremos otra cosa que la pura realidad, sólo queremos conseguir eso, y a cualquier precio"

Después de un largo preámbulo, el anciano Conde revela que llega consigo una carta de su esposa a Casanova, subrayando que ella no sabe quién es el mensajero. La carta contiene solo tres palabras: *Te debo ver.* El Conde insta a Casanova a acudir a una suntuosa fiesta de disfraces en su palacio. Su intención consiste en quebrantar la infatuación de Casanova y probar la lealtad de su amada esposa avasallada por la argucia y la sabiduría del famoso seductor. El Conde ofrece dinero a Casanova a cambio de que intente seducir a su esposa, a quien sin embargo ama intensamente y con quien desea pasar el resto de sus días. El Conde quiere salvar así a su esposa de la decepción y el sufrimiento, ya que está convencido de que Casanova, como cualquier seductor, busca una aventura pasajera que ha de durar solo unos días y unas noches. Conociendo la conducta del seductor y de Casanova le advierte que después de ese corto tiempo, "en los que ella sería tuya; sólo le darías una ternura indiferente, un fuego que arde pero no calienta."

No quisiera contar el desenlace de esta extraordinaria novela, sino situarla en el contexto de mi ensayo sobre los Caracteres. El Conde llama a Casanova "cazador infeliz", "triste pescador", "escritor e indagador" y tuteándolo le dice: "Por más que tú te empeñes en llevarte a la cama, todas las noches, una presa caliente y humeante por el fluir de su sangre y de sus emociones, aquí o en otro lugar, en cualquier parte del mundo, por más que estés constantemente aguardando a tu presa, castañeteando los dientes, acechando hambriento en todas partes donde las ensoñaciones y los deseos, las expectativas y las soledades anhelan al libertador entre ilusiones". Al final de ese recuento, el Conde le recuerda, lo que se impone es el vacío y la tristeza de la soledad.

Podría decirse que la novela es en esencia un duelo. El Conde de Parma usa las armas de un marido amoroso para poner a prueba al seductor, retándole a que se descubra y muestre si su mujer es leal o no. Se trata de un triángulo que se resuelve sometiendo a prueba los trucos y las mañas del seductor.

Entre las novela mexicanas cuyos personajes se inspiran en Casanova destaca *Casi el paraíso* de Luis Spota. El personaje central, Ugo Conti, comparte ciertas similitudes con el célebre seductor del siglo XVIII. Además de ser ambos italianos, Ugo Conti es el hijo bastardo de una prostituta italiana que se educa en el bajo mundo de Nápoles. Gracias a los vicios adquiridos entre explotadores de mujeres Ugo Conti se convierte en un refinado seductor que ostenta un falso título nobiliario para mejor embaucar a mujeres maduras y ricas. Una de sus amantes, una condesa austríaca o alemana que conoce su pasado, le brinda un guión para actuar y comportarse como un "principe" , bautizándolo Príncipe Ugo Conti, para ella "[e]l hombre mas bello y como Casanova el mas perverso."

Spota narra en su novela como las conquistas le ayudan a Ugo Conti a visitar los lugares más exclusivos y a viajar en lujosos yates que lo llevan a Acapulco. Gracias a sus dotes de seductor, Ugo Conti logra inmiscuirse entre las familias más ricas de la Ciudad de México, explotándolas sexual y económicamente. No solo consigue los favores de mujeres adineradas, sino además recibe prestamos millonarios mediante la excusa de haber perdido su fortuna durante la guerra y de estar aguardando que se resuelva un supuesto juicio que le permitirá recuperar sus tierras.

En nuestra época no ha desaparecido del todo la patética conducta de la seducción y del engaño de personas incautas. Pero afortunadamente se ha puesto en mayor evidencia el poder persuasivo del seductor, así como el abuso de ciertos individuos que desde una posición jerárquica fuerzan a sus víctimas a cumplir sus caprichos. Hay docenas de casos de este horripilante abuso que han salido a la luz pública, cuyos autores han recibido afortunadamente un merecido castigo en la cárcel, pagando además el precio de ensuciar su carrera. Recordemos los casos notables de Harvey Weinstein, famoso productor de películas, Placido Domingo en la musica, y recientemente Luis Rubiales en el fútbol español. Se trata de figuras publicas famosas que fueron denunciadas, pero lamentablemente representan todavía un bajísimo porcentaje entre quienes cometen impunemente esta clase de delitos.

Es difícil exponer un solo prototipo del seductor. El personaje Adolfo de Benjamin Constant es diferente de Bronsky, el amante de Ana Karenina, y ambos difieren de Hugo Conti, personaje creado por el escritor mexicano Luis Spota. Hugo Conti se interesa más por el dinero y por la fama que por las mujeres. Finalmente Márai nos relata un duelo entre el Duque De Alba, marido de Francesca, y Casanova. En ese caso, el Duque de Alba aparece para poner a prueba los poderes de la seducción de Casanova.

Viajeros

Antes de que se utilizaran caballos u otros animales de tiro como medios de transporte, caminar era la única opción para desplazarse de un lugar a otro. Las peregrinaciones a lugares santos o para participar en fiestas religiosas son una manifestación de esa antiquísima necesidad de andar. En nuestros días caminar es un ejercicio o un pasatiempo que reviste distintas formas, una de ellas el paseo relajado para contemplar paisajes naturales o para explorar calles, monumentos o espacios históricos en ciudades.

Asimismo, caminar puede revestir el carácter de un paseo casual con fines de reflexión individual, colectiva o tener un propósito romántico. A lo largo de la historia ha habido importantes caminatas de carácter político entre jefes de Estado. Es particularmente célebre la llamada "caminata por el bosque" en 1982, en la que conversaron el destacado diplomático estadounidense Paul Nitze y el embajador soviético, Yuliy Kvitinsky. Esta caminata creó la expectativa de un deshielo de la Guerra Fría y años más tarde sirvió de base para un progreso real en el proceso de desarme de las dos principales potencias nucleares, como se acordó durante la Cumbre de Reykjavik de 1986.

Son célebres asimismo las caminatas de compositores famosos como Gustav Mahler, quien solía emprender largas caminatas en los Alpes austríacos buscando inspiración musical. Entre los escritores famosos que se recuerdan como caminantes destaca Johann Wolfgang Goethe. Sus excursiones dieron pie a que numerosos caminos para aficionados lleven su nombre, por ejemplo la conocida ruta "Goethe-Erlebnisweg" en la provincia alemana de Turingia. El trayecto comienza en el centro de Weimar, donde el famoso escritor estableció su residencia, y concluye en el Castillo Belvedere, que a su vez fue punto de arranque para otros de los múltiples paseos Goethe.

Una de las caminatas turísticas más populares es el famoso Camino de Santiago, el cual se estableció tras el descubrimiento de las reliquias de Santiago el Grande a principios del siglo IX. Pocos años después se convertiría en una importante ruta de peregrinación del cristianismo. En nuestros días, cerca de medio millón de peregrinos, cristianos y laicos de las más diversas nacionalidades, realizan anualmente caminatas por diversas rutas que culminan en la Catedral de Santiago de Compostela, donde se celebran misas diarias.

Sería imposible referir todos los escritores que describen caminos y paisajes que recorren sus personajes por distintas razones. Recordemos sin embargo uno de los más destacados, el famoso novelista y poeta victoriano Thomas Hardy, quien con sumo detalle sitúa los caminos que transitan los personajes de sus novelas en Wessex, un distrito imaginario en el sureste de Inglaterra. Hardy se inspira en los condados de Dorset, Wiltshire, Somerset, Devon, Hampshire y Berkshire, localizados en el suroeste y el centro-sur de Inglaterra. En sus novelas más famosas, *Tess de los Urberville*, *Lejos del Mundanal Ruido* y *Jude el Obscuro*, los personajes caminan días enteros a lo largo de lugares bellamente descritos y detallados en distintas épocas del año. La cuidadosa descripción que hace Hardy de los paisajes en las caminatas de sus personajes, así como los prolijos detalles de jardines, granjas y de la naturaleza en general, permiten al lector ser otro caminante y disfrutar de las vistas.

Para dar una idea de las esmeradas descripciones de Hardy, transcribo un pasaje de la novela *Tess de los Urberville*, elegido al azar: "… Durante este mes de octubre de maravillosas tardes, vagaban a lo largo de los llanos llenos de hiervas, por caminos rastreros que seguían el borde de los arroyos, saltando a través de pequeños puentes de madera hacia el otro lado, y de regreso."

Las caminatas de sus novelas son tan llamativas que la asociación "The Thomas Hardy Society" ofrece "explorar el hermoso corazón del país de Hardy con un paseo guiado por Dorset." (https://www.hardysociety.org/resources/walks/).

Existe una larga tradición de libros y novelas de viajes. La prestigiosa revista literaria, *London Review* publica una serie de artículos con reseñas de obras de autores que han escrito sobre la experiencia de caminar, explorando, describiendo o solamente conversando al disfrutar del paisaje. Especialmente el escritor inglés Robert Macfarlane ha relatado su contacto con la naturaleza y su visión de los más diversos paisajes en lugares de particular belleza. Sus libros gozán de notable reconocimiento,. Él mismo ha recibido numerosos premios y ha sido nominado al Premio Nobel de Literatura. Macfarlane no sólo ha caminado en su país, Inglaterra y Escocia, sino además en España, Palestina y el Tíbet. Su objetivo consiste en describir algunas de sus exploraciones más memorables a través de "caminos de peregrinos, caminos verdes, caminos guiados, caminos riesgosos, etc." Macfarlane nos habla de la larga tradición de las caminatas y clasifica los caminantes en tres grupos: hay viajeros para quienes viajar es un trabajo (mensajeros, pastores); aquéllos que viajan por el gusto u honor de alcanzar una meta (peregrinos, cruzados)y finalmente aquéllos que caminan por la sola experiencia de andar. Esto último ha sido el caso de Wordsworth y Coleridge, así como de George Borrow, quien cautivó a los lectores victorianos con sus cuentos sobre España y Gales. En nuestro tiempo, relata Macfarlane, Patrick Leigh Fermor caminó desde Holanda hasta los Balcanes en la década de 1930 y Rory Stewart (junto con su perro) caminó por Afganistán inmediatamente después del 11 de septiembre.

Los que enfrentan la muerte

"Seguro, nunca hay nada, excepto la muerte." Esta máxima o principio tiene validez universal, ya que, independientemente de la cultura o de la edad, nadie puede negarlo de manera lógica. La perspectiva de la edad introduce sin embargo notables diferencias en el modo en que somos conscientes de la muerte. Los jóvenes, por lo general, no la tienen presente, la ven distante y pocas veces la consideran seriamente. Además de la edad, los individuos enfrentan la cuestión de manera distinta, según sus condiciones físicas, sobre todo quienes padecen una enfermedad terminal. Hay quienes enfrentan voluntariamente la muerte, sobre todo en los países que legalizan la eutanasia. No se trata de suicidio en sentido estricto, sino de una forma de terminar con el sufrimiento de una vida doliente y de salir al paso de lo inevitable. El joven Werther, el personaje principal de la famosa novela de Goethe, comete suicidio por ser la única solución de no poder ser correspondido por Charlotte su enamorada, quien se había casado con Albert al poco tiempo de conocer a Werther. Con el paso del tiempo y el establecimiento de una amistad profunda, Charlotte llega a sentir algo por Werther, pero finalmente lo rechaza, causándole un inmenso dolor. El tema del suicidio se repite en otras novelas famosas, especialmente en *Madame Bovary* de Gustave Flaubert, cuya desesperada protagonista se quita la vida ingiriendo arsénico.

En el año 65 DC el famoso filósofo estoico y dramaturgo romano Lucio Anneo Seneca sigue la suerte de Sócrates al ser forzado a quitarse la vida con sus propias manos. Séneca obedece la tradición romana de procurarse la muerte escoriándose las venas y desangrándose lentamente. Fue una muerte cruel que le permitió constatar uno de los principios de sus escritos filosóficos: ver la muerte como una liberación.

Al final de su vida Séneca escribió sus célebres *Cartas a Lucilio* o *Epístolas Morales a Lucilio* (*Epistulae Morales ad Lucilium*). En ellas Séneca ofrece una serie de sabios consejos y reflexiones profundas que más tarde sirvieron de inspiración para los *Ensayos* de Míchel de Montaigne. En la carta número 19 a Lucilio, Séneca habla explícitamente de la necesidad de plantearse a cierta edad el inevitable dilema de cómo enfrentar la muerte y escribe: "La vejez está sobre nosotros: es hora de empezar a recoger nuestro equipaje. Seguramente nadie puede oponerse a eso. Hemos vivido en el mar; muramos en el puerto."

Michel de Montaigne, el famoso filósofo francés del siglo XVI, compiló sus ideas, su filosofía y su trabajo intelectual en sus *Ensayos*. Estos reflejan sus propias experiencias, pero dan además testimonio de su admiración por los escritores clásicos, entre los que se cuentan Virgilio, Cicerón, Plutarco y el propio Séneca.

Como típico renacentista, Montaigne los había leído con asiduidad, buscando en ellos una Fuente de inspiración. Para entender el carácter de Montaigne y sus ideas sobre la finitud de la vida, vale la pena leer la inscripción latina pintada en la pared de su inmensa y selecta biblioteca:

"En el año de Cristo de 1571, a la edad de 38 años, en la vigilia de las calendas de marzo, el día de su cumpleaños, 1554 Michel de Montaigne, hastiado ya hace tiempo de la esclavitud del Palacio y de las tareas públicas, mientras, todavía incólume, anhela refugiarse en el seno de las doctas vírgenes, donde, tranquilo y libre de preocupaciones, atravesará finalmente la ¡ay! pequeña parte del trayecto que le resta por recorrer, si los hados así se lo conceden, ha consagrado esta sede y este dulce escondrijo de sus antepasados a su libertad, tranquilidad y ocio."

Los *Ensayos* tratan de los temas más diversos: desde el amor, la amistad, la moralidad hasta la muerte, desde luego. Montaigne alude a ella en múltiples y variados contextos, habiendo sido testigo muy joven de la muerte de amigo cercano Étienne de La Boétie, de quien tradujo las obras teológicas los y manuscritos políticos que había heredado. Los *Ensayos* se distinguen por su tono conversacional, su amplio alcance y su profunda visión de la naturaleza humana.

No resulta sorprendente que Baruch Spinoza, uno de los filósofos más grandes de la historia, sea considerado un seguidor de Séneca. En la *Etica*, su obra capital, predomina una cierta actitud pragmática, sobre todo cuando nos invita a tolerar con tranquilidad cualesquiera sucesos que se presenten durante la vida, incluyendo la muerte. Ésta "[no debe preocupar] a la persona libre," puesto que, "el poder que tenemos no podría haberse extendido hasta el punto en que podríamos haber evitado esas cosas, ya que somos parte de la naturaleza, cuyo orden seguimos." (IV, Appendix)

Inspirado por Spinoza, Kant, los pensadores clásicos, así como por el Budismo y el Taoísmo, Arthur Schopenhauer (1788 - 1860) se convierte en uno de los más influyentes filósofos del siglo XIX. Sus obras e ideas influyeron considerablemente en otros importantes pensadores, especialmente en Nietzsche, quien se consideraba a sí mismo como el sucesor de Schopenhauer. Su trabajo influyó también en las ideas de Sigmund Freud sobre el psicoanálisis. El concepto de la muerte juega un papel relevante en la obra del filósofo, ya que su padre, Heinrich Schopenhauer, un exitoso comerciante, se suicidó cuando su hijo Arthur tenía apenas diecisiete años.

En el capítulo V, "Las etapas de la vida" en sus *Ensayos, Los consejos y máximas,* Schopenhauer observa que al comienzo de la vida esperamos un largo futuro, mientras que al final miramos hacia atrás y vemos un extenso pasado.De este modo, el filósofo alemán considera que cada período de la vida tiene un color diferente. En la infancia, nos dice, "estamos más dados a usar nuestro intelecto y menos la voluntad y después de esa edad de oro o años mágicos de aprendizaje sobre el mundo externo, ... llega el gran período de la desilusión, un período de decaimiento gradual en el que se han superado todas las falsas ilusiones." Con gran sencillez y elocuencia Schopenhauer sugiere que la alegría y la vivacidad de la juventud se deben en parte a que "la muerte no es visible" cuando se está subiendo la colina de la vida. Sin embargo, una vez que se llega a la cima, es posible divisar "la muerte, que, hasta entonces, solo nos era conocida por rumores." En este ascenso, añade Schopenhauer, "solo el anciano [...] ve la vida entera y conoce su curso natural; ...no solo con su principio, como el resto de la humanidad, sino también con su salida..."

En la literatura, el teatro y el cine hay numerosos ejemplos de obras relevantes cuyo tema central es la muerte. En Shakespeare es una cuestión recurrente, al igual que en sus contemporáneos Christopher Marlowe y Ben Jonson, quienes escribieron escenas violentas. En la página de internet *Not Sweat Shakespeare* (https://nosweatshakespeare.com/play-themes/death/) se listan con cierto detalle el número de pasajes y la forma en que el célebre dramaturgo escenifica la muerte. Sus obras contienen más de veinte suicidios y casi la mitad de los personajes mueren apuñalados, decapitados o envenenados. "Varios personajes mueren de vergüenza y bastantes son ahorcados. Algunos mueren de dolor y otro de insomnio. Uno es destrozado por una turba, uno comido por un oso, uno horneado en un pastel, uno es mordido por una serpiente e incluso hay quien muere de indigestión."

En *Hamlet*, Shakespeare resume su noción de la

muerte cuando el Rey pregunta dónde se encuentra el cuerpo de Polonio, el fiel consejero del Reino, asesinado accidentalmente por Hamlet, quien responde, "está entre el polvo, del cual es pariente cercano."

Cuando Hitler llegó al poder y durante la Segunda Guerra Mundial se incrementaron los casos de suicidio, primeramente en Alemania, después en los países ocupados por el regimen nazi. Muchos judíos, víctimas de la persecución y a sabiendas del destino que les esperaba en los campos de concentración, prefirieron morir en paz y evitar el sufrimiento. Más tarde este fenómeno afectó a miles de refugiados en Francia, quienes a partir de 1938 enfrentaron arrestos, expulsiones y así la desesperación de no encontrar lugares seguros hacia donde emigrar.

Hay numerosos ejemplos de suicidios indirectos o un deseo de morir que no se explicita. Un ejemplo relevante es el de Simone Weil, quien desde niña sufría fuertes dolores de cabeza que le impedían llevar una vida normal. Los escritos de la famosa filósofa francesa se centran en la noción del sufrimiento humano, y quizá anticipando la forma en que habría de morir, "empezaba a conocer el inmenso horror del llamado Holodomor —el exterminio por hambre— de los años 1932 y 1933 cuando cuatro millones de ucranianos sufrieron una espantosa muerte por inanición que la administración de Stalin había provocado de forma deliberada." De acuerdo con el certificado médico Weil falleció el 24 de agosto de 1943 en un sanatorio en Inglaterra, a causa de una "insuficiencia cardiaca [...]

resultante de la inanición y la tuberculosis", agravada porque "la fallecida se negó a comer." Richard Rees uno de los biógrafos de Weil, presenta varias hipótesis posibles para entender su muerte, sobre todo la de "su compasión por el sufrimiento de sus compatriotas en la Francia ocupada y su amor y estrecha imitación de Cristo". De ahí su deseo por compartir las estrecheces de sus coterráneos, quienes entre muchas otras desgracias padecían la escasez de alimentos.

Otro ejemplo notable es el de Walter Benjamin, célebre filosofo de la primera mitad del siglo XX y crítico agudo de los medios masivos de comunicación. Benjamin, en el punto más álgido de la Segunda Guerra Mundial, tomó la decisión de adelantarse a la muerte. Los últimos siete años de su vida se debatieron entre el ascenso de Hitler al poder en 1933, la pérdida de derechos a causa de su origen judío, su exilio en Francia, la necesidad de una nueva fuga y finalmente la inminencia de una repatriación y la consiguiente deportación a los campos de exterminio.

Benjamin, al igual que miles de personas de muy diverso origen, se había refugiado en Francia huyendo de los horrores cometidos por los nazis. Empero, en julio de 1940, la Francia ocupada aprueba un decreto por el cual suspende el derecho de asilo y se obliga a extraditar a los refugiados judíos. Francia había dejado así de ser un lugar seguro, a lo que se añade que Benjamin tenía muy poco tiempo para tratar de abandonar el país antes de comenzaran las deportaciones masivas.

Las desesperadas circunstancias y el deterioro de su condición de refugiado hacen que el suicidio sea una opción para Benjamin. En su libro *El fuego de la libertad*, Wolfram Eilenberger relata el encuentro de Hanna Arendt con Benjamin en Marsella, donde él había tratado de los documentos necesarios para emigrar a Estados Unidos, incluido un pasaje de Lisboa a Nueva York. Sin embargo, no tenía la visa de salida que Francia había dejado de expedir. Esta situación obligó a Benjamin y a muchos otros a emprender un azaroso viaje a través de los Pirineos para llegar a la España de Franco. En Portbou se le notificó sin embargo que no era posible seguir adelante, que será detenido y deportado de regreso a Francia. Incapaz de enfrentar la adversidad, Benjamin se suicidó con una sobredosis de tabletas de morfina. El registro oficial de la ciudad de Portbou indica el 26 de septiembre de 1940 como la fecha de su muerte. Un vecino y colega de Benjamin en París, el célebre escritor Arthur Koestler, quien también había huido de Francia, trató de suicidarse más tarde mediante una sobredosis de morfina; pero a diferencia de Benjamin, sobrevivió al intento. El primero de marzo 1983, cuarenta y tres años más tarde, Koestler y su esposa Cinthia establecen un pacto suicida y mueren ambos al mismo tiempo.

No se detuvo ahí la cadena de suicidios de intelectuales alemanes. Al igual que Walter Benjamin y docenas de escritores, el biógrafo y novelista Stephan Zweig, refugiado en Brasil, desesperado por su situación precaria y un futuro incierto, muere el 23 de febrero de 1942 junto con su esposa Lotte a causa de una sobredosis de barbitúricos que ingieren en su casa en

Petrópolis, Brasil. Esto sucede ocho años después de que abandonaran Alemania a causa del ascenso al poder del Partido Nazi. Emigran a Inglaterra, posteriormente a Nueva York y finalmente a Brasil, donde ambos fallecen.

La famosa novela de León Tolstói, *La muerte de Iván Ilich* publicada en 1886, relata las conversaciones de los colegas de Iván al leer en la prensa la noticia de la muerte de su compañero de banca en el tribunal, después de haber padecido una larga y dolorosa enfermedad. Conociendo las debilidades de la naturaleza humana, Tolstói describe las reacciones de los presentes en el despacho del tribunal, particularmente respecto de lo que esa muerte podría significar en cuanto a cambios o ascensos entre ellos o sus conocidos. "Ahora, de seguro, obtendré el puesto de Shtabel o de Vinniko -se decía Fyodor Vasilyevich -. Me lo tienen prometido desde hace mucho tiempo; y el ascenso me supondrá una subida de sueldo de ochocientos rublos, sin contar la bonificación."

La novela refiere las escenas y conversaciones de los allegados de difunto en el velorio, así como la preocupación de la esposa de Ivan, quien "quería [...] saber cómo podría arreglárselas para obtener la mayor cantidad de dinero de la Tesorería del Gobierno, con motivo de la muerte de su esposo [...] cómo debía componérselas para obtener el máximum del Estado". La novela hace además un recuento de la vida azarosa de Ivan, una carrera judicial exitosa que termina después de un largo padecimiento y de que su médico esquivara durante mucho tiempo responder a las preguntas sobre la gravedad de su estado.

Otra extraordinaria novela que incluye el tema de la muerte en su título es *Muerte en Venecia* de Thomas Mann, quien llegaría a ser galardonado con el premio Nobel de Literatura. La obra, publicada en 1912 y llevada al cine en una realización espectacular de Luchino Visconti, trata de la infatuación que aqueja a Gustav von Aschenbach, destacado escritor alemán de edad madura, durante un verano en un elegante hotel del Lido de Venecia. La causa de su infatuación es un adolescente polaco de nombre Tadzio, dotado de una belleza extraordinaria según la descripción del autor. Tras la partida de Tadzio y con su familia atemorizada por una eminente epidemia de cólera que las autoridades ocultan para evitar la fuga de los turistas, von Aschenbach decide quedarse en Venecia y enfrentar la muerte segura que su enfermedad vaticinaba.

Thomas Mann aborda de nuevo la muerte desde la perspectiva de una muerte anticipada en su extraordinaria novela *El Doctor Fausto*, publicada en 1947. El personaje central Adrian Leverkühn contrae deliberadamente sífilis para incitar su creatividad y producir un concierto innovador y revolucionario a través de la locura. Adrian hace un pacto con el demonio para vivir el tiempo necesario que requiere la composición de una obra musical prima, titulada *Apocalipsis*. Posteriormente compone un segundo oratorio, *La lamentación del Doctor Faustus*. El compositor padece terribles dolores de cabeza producidos por la enfermedad y las muertes trágicas de seres queridos que son consecuencia de haber roto su pacto con Lucifer.

Finalmente, para terminar con este recuento libre de citas de autores y libros que enfrentan y describen el fenómeno de la muerte, quiero reseñar una novela del Dr. Irvin D. Yalom, conocido psicoterapeuta y escritor. Arthur Schopenhauer es el personaje central de una de sus novelas, *La cura de Schopenhauer.* En ella y en sus otras dos novelas basadas en filósofos prominentes, Nietzsche y Spinoza, (*El día que Nietzsche lloro*, y *El problema de Spinoza*) Yalom crea situaciones ficticias, pero ofrece también información importante sobre estos tres pensadores, incluyendo citas de sus obras, referencia de hechos históricos sobre el tiempo en que vivieron y datos biográficos relevantes. Las novelas incluyen diálogos, algunos imaginarios, otros basados en cartas, biografías y anécdotas. Estas reconocidas novelas tienen la ventaja de hacer que las ideas de estos grandes filósofos, altamente individualistas, sean accesibles para el gran público.

La cura de Schopenhauer de Yalom está relacionada directamente con "Las etapas de la vida" de Arthur Schopenhauer. En la novela Julius, un exitoso psicoterapeuta, es diagnosticado de un melanoma maligno, después de un examen médico de rutina. El médico de Julius comunica a su paciente esta inesperada y trágica noticia, añadiendo que solo tendrá un año de vida saludable, después de lo cual se deteriorará rápidamente y finalmente morirá.

Destrozado por la noticia, Julius lucha por encontrar una manera significativa de usar el tiempo limitado que le queda. Decide continuar con su práctica profesional y reunirse regularmente con el grupo de terapia que dirige. Quiere comprobar también que tan efectiva ha sido su práctica terapéutica. Revisando los expedientes de antiguos pacientes, se topa con Phillip, quien veinte años antes había sido un depredador sexual no arrepentido y con una adicción sexual incurable que convirtió su vida en una búsqueda constante de satisfacción personal, causando así mucho dolor a docenas de mujeres víctimas.

Julius encuentra a Phillip, quien ahora tiene un doctorado en filosofía especialista en Schopenhauer. Siguiendo las enseñanzas y el estilo de vida del filósofo, Phillip encuentra una "cura" y un sustituto de su conducta destructiva anterior. Phillip considera a Schopenhauer como el terapeuta que "me hizo consciente de que estamos condenados a girar sin cesar en la rueda de la voluntad: deseamos algo, lo adquirimos, disfrutamos de un breve momento de satisfacción, que se desvanece rápidamente en aburrimiento..."

El terrorista

Joseph Conrad es reconocido como uno de los escritores más importantes del siglo XX. Nació en 1857 en Berdichev, una región de Polonia que hoy pertenece a Ucrania. Se hizo ciudadano británico a la edad de 29 años y se sirvió del inglés para escribir decenas de cuentos, novelas y diarios de viaje, principalmente en las colonias británicas en África. Es menos conocido por sus novelas proféticas sobre las intrigas y conflictos políticos en Europa, que sin embargo revelan un profundo conocimiento y visión de estos complejos temas.

Las dos novelas de Joseph Conrad que comento a continuación son retratos diabólicos del terrorismo, cuyos personajes, situaciones y conversaciones bien podrían parecer extraídos de la actualidad. Los caracteres de ambas novelas son personas que lidian con el aislamiento, la soledad, la vacilación y en buena medida con la incapacidad de interpretar el mundo que les rodea con realismo, confianza o seguridad.

El agente secreto y *Bajo la mirada de Occidente* presentan situaciones que podrían darse fácilmente el mundo real. Aunque estas extraordinarias novelas son ficticias, contienen detalladas descripciones de ciertos complots o actividades de terroristas, "agentes provocadores" y espías pagados por gobiernos extranjeros.

El agente secreto, escrita en 1907, es la historia del Sr. Verloc, un agente pagado por el Gobierno francés para delatar las actividades y los planes de socialistas, anarquistas y otros grupos políticos clandestinos que radican en Londres. Este tipo de personalidades habrían de reunirse a última hora de la noche en la pequeña tienda del Sr. Verloc, quien aparenta ser un vendedor de "periódicos oscuros, mal impresos, con títulos como '*The Torch*', '*The Gong*', títulos llamativos en la vitrina que muestran 'fotografías de bailarinas más o menos desnudas'". El Sr. Verloc es además uno de los vicepresidentes de la organización llamada "El futuro del proletariado".

La contratación de este tipo de agentes tiene como objetivo poner a los gobiernos sobre aviso de actividades potencialmente peligrosas de grupos radicales. Los gobiernos que pagan a esta clase de "agentes oscuros" buscan asimismo acrecentar su influencia en otros países.

A pesar hallarse involucrado en el espionaje, el Sr. Verloc disfruta de una doble vida cómoda y burguesa con su familia, hasta que recibe una "carta perentoria" que solicita su presencia en la Embajada de Francia durante el día y no a deshoras como en el pasado. Se trata de una situación sin precedentes y desagradable que puede dañar su imagen frente a sus camaradas.

Un nuevo Primer Secretario recibe con cierto desdén a Verloc en la Embajada y le dice: "Tengo aquí algunos de sus informes". Usando un tono burlón, los califica de inútiles y caros. "En la época del Barón Stott-Wartenheim (el anterior embajador de Francia) teníamos mucha gente débil dirigiendo esta embajada". Y continúa: "Lo que se requiere en la actualidad no es escribir... ahora queremos hechos..."

Para transmitir lo que quiere decir con "hechos" y lo que el Sr. Verloc está obligado a hacer para seguir recibiendo su pago, el diplomático francés explica que su gobierno considera "peligroso" que Inglaterra tenga una absurda "renuencia sentimental por la posición de libertad individual" en oposición a medidas más duras para combatir a los disidentes políticos, mismas que se discutirán pronto en una reunión internacional sobre cuestiones de seguridad. "Lo que queremos es administrar un tónico a la Conferencia de Milán", y añade: "... sus deliberaciones sobre la acción internacional para la represión de los delitos políticos no parecen llegar a ninguna parte. Inglaterra se queda atrás".

El Primer Secretario prosigue su monólogo delineando un plan para "inducir" a Inglaterra a la aceptación de nuevas políticas represivas. Ordena al Sr. Verloc que organice una serie de actos terroristas que deberán ser "ejecutados aquí en este país; no solo planeados [...]í". Su idea es sorprender y asustar a la clase media, orillándola a favorecer medidas radicales que la hagan sentir segura. Esos actos, dice "...deben ser lo suficientemente sorprendentes, efectivos. Que se dirijan contra los edificios... el fetiche de la hora que toda la burguesía reconoce..."

Como si hubiera sido una advertencia ominosa, Estados Unidos sufrió noventa y cuatro años después, en el 2001, una serie de ataques terroristas bien planificados. Ellos se dirigieron contra las Torres Gemelas del World Trade Center, punto de referencia de Manhattan, matando a más de 3.000 personas.

En esta novela clásica, Joseph Conrad demuestra su profunda comprensión de las mentes más radicales de su tiempo, las cuales se hallaban detrás de las intrigas políticas convulsivas que suscitaron tensiones y conflictos graves que conducirían a la Primera Guerra Mundial. Es muy claro que Conrad era consciente de la naturaleza destructiva de las ideologías radicales propensas a justificar la violencia y el terrorismo, sin tener consideración de las vidas humanas inocentes, todo por el supuesto bien de luchar por una causa abstracta, por una mera ideología.

Bajo la mirada de Occidente, publicada por primera vez en 1911, es otra importante novela de Conrad sobre el mismo tema, pero con un enfoque distinto. La obra trata sobre los oscuros aspectos humanos que subyacen en las ideologías extremas. Como mencionaba antes, *El agente secreto* describe lo que Conrad llama el "corazón oscuro" del Primer Secretario de la Embajada de Francia en Londres, un personaje sin escrúpulos dispuesto a destruir un edificio histórico y, si fuese necesario, a matar a personas inocentes con el fin de obligar a los británicos a la adopción de medidas represivas contra sus disidentes políticos.

Conrad introduce otro personaje dispuesto a realizar actos terroristas como ejemplo del "corazón oscuro". Haldines un joven estudiante ruso que se concibe orgullosamente a sí mismo como un "destructor", después de haber asesinado al odiado funcionario represivo Sr. P, y muy posiblemente a transeúntes inocentes arrojando una bomba en la calle.

Tras el exitoso acto terrorista, Haldin se esconde en la casa de Razumov, un estudiante solitario a quien conoce de la universidad. Razumov siente inmediatamente que la ominosa presencia de Haldin amenaza su futuro. Éste confiesa a su amigo: "Fui yo quien eliminó a P esta mañana", tratando de dejar clara su situación, y continúa en tono desafiante: "Los hombres como yo son necesarios para hacer espacio para hombres autónomos y pensantes como tú". De este modo denigra a su colega, quien se convierte ahora en un cómplice involuntario: "Lo único que quiero que hagas es ayudarme a desaparecer". Con estas palabras, Haldin prepara el escenario de una serie de eventos que cambiaran radicalmente la vida de Razumov, quien escribe en su diario "...Yo, que amo a mi país, ya que no tengo nada más que eso para amar y en poner mi fe, ¿debería seguir teniendo fe en mi futuro, ahora arruinado por este fanático sanguinario?"

A partir de aquí tiene lugar una serie acontecimientos inesperados, que muestran el talento único de Conrad como narrador de historias que describen detalladamente los síntomas ominosos de la época en la Rusia anterior a la Revolución de 1917. La historia contiene citas de un diario que Razumov comienza a escribir después de su encuentro con el terrorista. En él relata sus conflictos internos, sus antecedentes familiares y el doloroso camino del despertar que lo conecta tanto con extremistas y revolucionarios, como con individuos ricos y poderosos de Rusia y Occidente.

La trama envuelve las tribulaciones internas de Razumov, su diario y conversaciones en Ginebra sobre la futura revolución rusa en ciernes y la incapacidad del mundo occidental para comprenderla. Conrad ahonda en el tema introduciendo en la novela una emigrante rusa en Ginebra, quien trata de explicar a su profesor de inglés el significado de la inminente revolución: "Crees que es un conflicto de clase, o un conflicto de intereses, ya que los movimientos sociales están en Europa, pero en Rusia es diferente". El profesor parece ser la voz del propio Conrad, cuando responde a su interlocutora rusa: "Una revolución violenta cae en manos de fanáticos de mente estrecha y de hipócritas tiránicos al principio". El profesor va aún más allá en sus puntos de vista negativos sobre las revoluciones: "Los escrupulosos y los justos, las naturalezas nobles, humanas y devotas; los desinteresados e inteligentes pueden comenzar un movimiento, pero este se aleja de ellos. No son los líderes de una revolución. Son sus víctimas: las víctimas del disgusto, del desencanto, a menudo del remordimiento". Conrad anticipa así con gran lucidez el futuro de la Revolución Soviética cinco años más tarde. En realidad, sus comentarios siguen siendo válidos hoy en día.

Entre otros personajes que viven en Ginebra, *Bajo la mirada de Occidente* incluye una influyente escritora rusa que aboga por ideas feministas radicales, y Madame de S, una mujer rica con antecedentes familiares aristocráticos, famosa por acoger a "soirees" en su castillo con rusos y conspiradores políticos. El personaje de Madame de S parece inspirarse en la Sra. de Staël, la escritora política francesa del siglo XIX que vivía también cerca de Ginebra en un castillo y era famosa por sus reuniones de estilo "salón", a las que asistían refugiados y pensadores políticos de la era napoleónica.

Conrad escribió esta novela en los albores de la Primera Guerra Mundial, en la que millones de personas perdieron la vida. Como es bien sabido, el conflicto fue desencadenado por el asesinato del archiduque austriaco Francisco Fernando y de su esposa en Sarajevo el 28 de junio de 1914, tres años después de que se publicara *Bajo la mirada de Occidente*. Estas similitudes, que bien podrían considerarse premoniciones, se repitieron noventa años más tarde con el asesinato de John F. Kennedy en 1963 en Dallas. A esto se añaden los actos terroristas contra las Torres Gemelas en Nueva York, el 11 de septiembre de 2001, como ya he mencionado en párrafos anteriores. La lectura de *Bajo la mirada de Occidente* y *El agente secreto* permite ver con gran claridad la personalidad o el carácter del terrorista y ciertamente ayuda a comprender mejor lo que Joseph Conrad quiso decir con el título de su famosa novela *El corazón de las tinieblas*.

Las novelas de Conrad no son las únicas obra clásicas que se ocupan de estos temas políticos y sociales que son todavía actuales. Fiódor Dostojevski, unos 30 años antes que Conrad, escribió *Los demonios*, donde se aborda el terrorismo, una cuestión que lamentablemente sigue estando muy viva hoy en día.

En su introducción al libro de ensayos del filósofo Isaiah Berlin, *Los pensadores rusos*, la célebre escritora inglesa Aileen Kelly destaca la mencionada novela de Dostoyevski y señala: "En un intento de explicar el movimiento bolchevique en Rusia antes de 1917 a Lady Ottoline Morrell, Bertrand Russell comentó que, por espantoso que parecía el tipo de gobierno mas adecuado para Rusia: 'lo entenderá mejor si se pregunta cómo se deberían gobernar los personajes de Dostoevsky'".

En *Los demonios* se describen el carácter de la clase intelectual radical rusa, la personalidad y las ideas de sus líderes. Se trata de un pequeño grupo de origen social muy diverso, pero unido por un sentido de misión comparable al de una secta religiosa por su devoción fanática a la tarea de destruir el orden existente. Nikolái Stavroguin, el personaje principal, es un maestro de la conspiración que ejerce una extraordinaria influencia sobre los demás personajes, a quienes domina y condena a enfrentar las consecuencias de sus maquinaciones. La novela está escrita en primera persona con un narrador que relata la complicada cadena de eventos sociales, romances, duelos, suicidios, asesinatos y acontecimientos que siguen a la detención de los responsables de un atentado.

Dostoyevski se inspira de acontecimientos reales, y los caracteres que describe, como muestran varios estudios, son muy parecidos a los miembros de la aristocracia y exiliados rusos que Conrad retrata con gran talento en sus novelas.

Otro ejemplo de novela que presenta desde otro ángulo al terrorista, es *The Little Drummer Girl,* escrita por John Le Carré, el famoso escritor de novelas de espías. El personaje principal de sus libros escritos durante la Guerra Fría, George Smiley, no aparece en la mencionada novela publicada en 1983, ya que ésta trata de otra guerra, la lucha contra un nuevo adversario: el terrorismo. *The Little Drummer Girl* amplía el contexto de la guerra entre las dos potencias y el orden global posterior a 1945, para explorar un panorama internacional más extenso que incluye el comercio de armas, el lavado de dinero y la guerra contra el terror. La trama gira alrededor de los esfuerzos de las agencias de espionaje israelí y alemana por infiltrarse en una organización terrorista que opera en Europa. Le Carré narra el complejo proceso que siguen las agencias de seguridad para reclutar y entrenar agentes aptos para el logro del objetivo. En la novela, el agente es una mujer atractiva, actriz de teatro que reúne las condiciones y las cualidades necesarias de seducción para adentrarse en el grupo terrorista, capturar al escurridizo líder y, finalmente destruir la red terrorista. La historia se inspiró en las sangrientas acciones terroristas palestinas y árabes en Europa a finales de los años 70 y 80, dirigidas contra diplomáticos y embajadas israelíes, hiriendo o matando además víctimas inocentes. En aquel momento, las organizaciones terroristas europeas también estaban activas, principalmente las Brigadas Rojas en Italia, la organización Baader Meinhof en Alemania, el IRA en el Reino Unido y la ETA en España, por nombrar las más conocidas. Durante esa época los grupos y acciones terroristas inspiraron varias novelas y películas, entre ellas *El honor perdido de Katharina Blum*, del famoso escritor alemán y Premio Nobel de Literatura Heinrich Böll.

La novela de Joseph Conrad, *El agente secreto* mencionada anteriormente, presenta cierto paralelismo con los terribles actos terroristas del 11 de septiembre de 2001, en los que perdieron la vida más de tres mil personas inocentes. Conrad no es el único autor que ha abordado la barbarie terrorista en épocas diferentes y desde perspectivas distintas. Hay numerosos ejemplos de novelas que describen los crímenes inhumanos perpetrados por los nazis, no solo contra los judíos, sino también contra cualquier disidente, uno de los ejemplos más amargos de la barbarie humana. La realidad nos muestra lamentablemente que la barbarie subsiste en nuestros días, como evidencian los actos de violencia ocurridos en Israel el 7 de octubre de 2023, perpetrados por la organización terrorista Hamas. Dichos actos son comparables, en otra escala, con el Holocausto, y nos recuerdan que la crueldad y los terribles actos de violencia no son meras ficciones literarias o un pasado negro en la historia de la humanidad, sino una macabra realidad.

En uno de sus artículos semanales en el diario *Reforma*, con fecha del 16 de Octubre de 2023, Jesús Silva Herzog Márquez se apoya en el historiador Timothy Snyder para describir la verdadera intención de un ataque terrorista:

"El terrorista gana cuando la respuesta que recibe se inscribe en su libreto.... el terrorismo es dolor para la víctima, pero para el terrorista es lo que viene después. Lo que importa no es la bomba, sino la respuesta a la explosión. Es importante tener la frialdad para reconocer que las atrocidades, por abominables que resulten, no son el fin del terrorismo, sino un medio para secuestrar emocionalmente al enemigo. Los terroristas podrán planear meticulosamente el ataque, pero lo que les importa es la respuesta de los agraviados."

Como señalé anteriormente, Conrad define también los objetivos del terrorismo –como Snyder hará más tarde- en su novela *El agente secreto*, cuando en 1905 el Secretario de la Embajada Francesa en Londres le pide a su empleado encubierto y futuro terrorista que coloque una bomba en un edificio publico de gran valor simbólico. El único propósito del atentado consiste en provocar la indignación y el repudio de la opinión publica, a fin de que el gobierno inglés decrete medidas radicales de seguridad para las clases medias. En el caso del terrible ataque de Hamas en Israel, la respuesta que esperan los terroristas es la guerra, y una violenta reacción que implica el sufrimiento y la muerte de miles de inocentes palestinos que carecen de los mas básicos refugios antiaéreos para protegerse de las bombas.

Los amigos

"No necesito un amigo que cambie cuando yo cambio y que apruebe cuando yo apruebo..; mi sombra lo hace mucho mejor".

Plutarco

La amistad y el carácter del amigo son muy difíciles de definir, en razón de las múltiples asociaciones que evocan y al enfoque superficial desde el que se les aborda. Plutarco ha definido en una frase breve la amistad por conveniencia, algo muy común en la política y en los negocios. Ahí se suele vincular la amistad con un elevado puesto publico, de modo que se halla ligada temporalmente con un cierto sujeto mientras detente una posición, pero no con la persona cuando ya no la detenta.

La correspondencia o sintonía entre dos individuos es una forma de generar relaciones de largo plazo que podrían definirse como amistades duraderas que comparten identidad de valores e intereses, independientemente de las situaciones presentes. Los intercambios epistolares entre destacados artistas, escritores, pensadores, políticos, psicoterapeutas, etc. son ricas fuentes de conocimiento que nos ayudan a comprender rasgos de la naturaleza humana como la amistad, el amor, etc. Este género literario permite a los lectores explorar varias facetas de la personalidad y del temperamento de los corresponsales, especialmente aquellas que han sido disfrazadas o distorsionadas en sus biografías, que en muchas ocasiones están repletas de mentiras y halagos.

La mayoría de las cartas publicadas contienen intercambios personales entre personas que dedicaron tiempo y pasión a la correspondencia con sus amantes, familiares, amigos, etc. Dicho material revela el carácter, el estado de ánimo, el gusto y los desafíos personales de los escritores de cartas. También nos ofrece la oportunidad de conocer la atmósfera de la época en que fueron escritas y, en algunos casos, lo que estaba sucediendo entonces, el espíritu de su tiempo o *Zeitgeist*.

Por lo general, las correspondencias que se han llegado a publicar fueron conservadas y organizadas por los escritores y/o sus destinatarios. Después de su muerte, fueron legadas a familiares o amigos, lo que ha propiciado que acabaran en museos, fundaciones o colecciones privadas. Las personas o instituciones que se hallan en posesión de las colecciones otorgan la mayoría de las veces licencia para publicar libros con selecciones hechas por expertos o por parientes cercanos de los autores, quienes proporcionan a veces el contexto de las cartas.

La correspondencia sirve asimismo como una importante fuente de información para los biógrafos, quienes pueden citar directamente a los biografiados evocando sus voces y sentimientos íntimos, siempre relevantes para la comprensión de su personalidad. La controvertida autora rusa Lou Andreas-Salomé, por ejemplo, recurrió a cartas mientras redactaba sus biografías de Frederick Nietzsche y del poeta Rainer Maria Rilke, con quienes estuvo vinculada sentimentalmente en vida de ambos. Hay muchos ejemplos de cartas, reales o ficticias, que forman parte de la trama de una novela. En *El día que Nietzsche lloró* Irving Yalom utiliza cartas del célebre filósofo para construir una historia ficticia que no obstante se basa en acontecimientos reales.

Las cartas juegan un papel central en muchas películas. Un ejemplo es *The Go Between* (1970) de Joseph Losey, donde aparece un niño de 13 años que durante el verano de 1900 se prestó a portar cartas entre dos amantes secretos. La película se basa en una novela de L.P. Hartley con el mismo título. Otro ejemplo de libros que contienen cartas es *Vita y Virginia* de Eileen Atkins, que se basa en gran medida en la correspondencia inteligente y apasionada entre las escritoras británicas Vita Sackville-West y Virginia Woolf, quienes intercambiaron cartas durante unos 20 años hasta el suicidio de la última en 1941.

Entre las colecciones de cartas publicadas en forma de libros, principalmente de personas que vivieron entre finales del siglo XIX y la primera mitad del siglo XX, una era turbulenta con dos guerras mundiales devastadoras, pero al mismo tiempo llena de creatividad y romanticismo durante la cual se forjan amistades entrañables.

La correspondencia entre Thomas Mann y Herman Hesse, ambos reconocidos ganadores del Premio Nobel de Literatura, reviste gran importancia para comprender su contexto histórico y sus antecedentes literarios. En sus cartas se advierte la ansiedad y el temor que les produjo el ascenso del nacionalsocialismo en Alemania y la llegada de Hitler al poder.

Ambos escribieron sobre el impacto de este regimen criminal en su vida y obras literarias, así como sobre sus sentimientos al presenciar la tragedia de su patria Alemania durante esos años. Ya desde los primeros días de Hitler en el poder, ambos autores anticiparon que algo terrible estaba ocurriendo en su país. En una carta de Thomas Mann a Hesse, fechada en julio de 1933, leemos lo siguiente: "Las noticias del día a día de Alemania, el engaño, la violencia, el ridículo espectáculo de 'grandeza histórica', la pura crueldad, me llenan de horror, desprecio y repugnancia". Un año más tarde, en 1934, Mann escribe a Hesse: "Estoy tan acongojado por los acontecimientos en Alemania, que son un tormento para mi conciencia moral y crítica, lo que me ha impedido seguir con mi trabajo literario actual". Hesse, por su parte, expresó más adelante, en febrero de 1937, su temor por la seguridad de su familia y sus amigos cercanos: "En este momento, es probable que cualquier ira suscitada por mi nombre traiga maltrato físico y otros problemas a mis amigos".

Además de estos comentarios cargados de miedo e indignación, hallamos en la mayoría de las cartas referencias a las lecturas y proyectos literarios de los corresponsales. Pete Hamill escribió una introducción a la última reimpresión en inglés en mi editorial, en donde describe elocuentemente su experiencia durante la lectura las cartas, "... Me siento como un invitado privilegiado en una habitación especial, sentado frente a una chimenea en algún lugar guardando silencio, escuchando a estos hombres hablar."

A modo de complemento de las opiniones de estos dos escritores excepcionales sobre los horrores que fue dejando a su paso el afán destructivo de Hitler desde principios de la década de 1930, quisiera recomendar la lectura de las cartas que Winston Churchill envió a su esposa Clementine antes de que el Reino Unido interviniera en la Segunda Guerra Mundial. Churchill ofrece ahí su visión de los acontecimientos que le llevaron a declarar el estado de guerra. Estas cartas personales proporcionan una descripción personal espontánea de los desafíos que su país y Europa enfrentaban en ese momento.

Pasando a un tema menos sombrío, me parecen muy refrescantes la correspondencia entre Rainer Maria Rilke y Lou Andreas-Salome, que lleva el título *Rilke y Andreas- Salomé: una historia de amor en letras,* y las *Cartas a un joven poeta* del mismo Rilke, las cuales mencionan frecuentemente la poesía y el amor. El contenido de estas cartas revela la franqueza y el deseo de Rilke por sostener conversaciones intelectuales a través de la via indirecta del intercambio epistolar. Las cartas están repletas de sabiduría y muestran al mismo tiempo la sensibilidad apasionada y única de este gran artista, así como su inmensa capacidad para expresar y discutir las cuestiones del amor y de la amistad.

Hallamos las mismas características en las cartas de Franz Kafka a sus dos amantes, Milena y Felice, a quienes escribía casi a diario. Leyendo ambas colecciones de misivas, nos damos cuenta de que Kafka no solo fue un gran novelista, sino también un corresponsal fértil y apasionado.

La correspondencia entre el pintor vanguardista Van Gogh y su hermano Theo abunda en menciones del significado que el arte y la pintura tuvieron para él, así como para otros artistas famosos como Monet y Gauguin con quienes el artista holandés tuvo una relación cercana.

La extensa correspondencia de Sigmund Freud con su prometida, sus colegas, pacientes, amigos y familiares muestra cómo el padre del Psicoanálisis se valió de las cartas para compartir su conocimiento y visión sobre la condición humana más allá de su ámbito profesional.

Enviar cartas en el pasado requería tiempo y paciencia. La correspondencia tenía su propio protocolo: una vez que se terminaba de redactar una carta, se enviaba por lo general doblada dentro un sobre. En algunos casos se sellaba el sobre con cera para garantizar su integridad y privacidad. Algunas personas ricas y funcionarios del gobierno tenían mensajeros de confianza; otros pedían a amigos o familiares que entregaran sus cartas, solo para sentirse más seguros del envío. Los servicios postales han existido desde la antigüedad, mediante una manera de relevo similar a la nuestra: un mensajero pasaba cartas a otro en puestos determinados o tabernas a lo largo de rutas definidas que unían diferentes ciudades e incluso países.

Con la introducción de un servicio postal nacional más asequible junto y el surgimiento de una clase media cada vez más educada y viajada, la escritura de cartas comenzó a florecer a mediados del siglo XVIII con mensajes que se intercambiaban casi a nivel mundial. Tales formas de comunicación requerían que la gente esperara pacientemente durante semanas, antes de que los mensajeros y posteriormente los carteros trajeran las respuestas a sus mensajes. Para ilustrar lo que significaba la espera de una carta, cito el último párrafo de una de las cartas de la Sra. Churchill a su esposo Winston en 1915: "Mi respuesta estará aquí lista en unos minutos y espero con impaciencia una carta tuya". Otro ejemplo es la frustración de Freud ante el lento sistema postal, como lo expresa en una carta a su colega Carl Gustav Jung en 1911: "Te escribo de nuevo este año, porque no siempre puedo esperar a que respondas y prefiero escribir cuando tengo tiempo y estoy de humor..."

Un fenómeno interesante de la comunicación de cartas es la disciplina de los escritores activos en este tipo de intercambio. Ellos tienden a mantener organizadas las colecciones, pensando quizá que su correspondiente será de interés para sus familias o servirán como referencia una vez que se publiquen de manera póstuma. En algunos casos, un miembro cercano de la familia se convierte en editor, como es el caso de *The Personal Letters of the Churchills*, cuya selección y edición estuvo a cargo de su hija Mary Soames. El hijo de Freud, Ernest L., compiló y editó una selección de las cartas que su padre dirigió a Einstein, Thomas Mann, H. G. Wells, Maria Montessori, Carl Gustav Jung, Romain Rolland y muchos otros, bajo el título *The Letters of Sigmund Freud.* La mayor parte de las correspondencias son editadas sin embargo por académicos autorizados para acceder a los archivos de las copias originales.

La lectura de estas colecciones ofrece una idea de la riqueza de la comunicación escrita, la cual pierde poco a poco terreno frente a la tecnología moderna: computadoras personales y dispositivos electrónicos portátiles como iPhones y iPads provistos de internet, así como plataformas sociales que han cambiado la forma en que leemos, interactuamos y nos comunicamos con los demás.

Los nuevos medios de comunicación contrastan asombrosamente con la antigua correspondencia gracias a un proceso simple e instantáneo: podemos escribir y enviar mensajes con solo el *clic* de un botón. Las aplicaciones de correo o mensaje electrónico mejoradas en los teléfonos inteligentes, hacen que las correspondencias sean más rápidas, incluso instantáneas.. Los ordenadores, los teléfonos inteligentes y las tabletas han reemplazado la tinta, el papel y las máquinas de escribir, mientras que Internet y las comunicaciones inalámbricas han disminuido considerablemente el rol y la importancia de los lentos servicios postales tradicionales.

Hoy en día, casi todo el mundo está conectado, recibiendo y enviando docenas de mensajes de texto, correos electrónicos al día, publicando notas y fotos en Twitter (ahora X), Facebook y otras plataformas sociales. Los nuevos estilos de comunicación difieren radicalmente de la escritura tradicional por carta, sobre todo por que las cartas se escribían y leían de manera privada, reservada e íntima.

Hoy en día las personan coleccionan "amigos" y "likes", cuando se trata realmente, en la mayoría de los casos, de meros conocidos o personas que compartieron en un pasado más o menos distante en la escuela, un club o alguna actividad.

El abandono de la escritura física de cartas como método de comunicación a favor del correo electrónico no tiene precedentes. Malcolm Jones, conocido autor de reseñas de libros, considera que la "disminución en la escritura de cartas constituye un cambio cultural tan vasto que en el futuro, los historiadores pueden dividir el tiempo no entre B.C. y A.D., sino entre las épocas en las que la gente escribía cartas y cuando dejaron de hacerlo".

La amistad se demuestra de muchas maneras, independientemente de la comunicación a distancia. Hay un gran número de novelas que describen amistades y relaciones íntimas de toda índole. *Tonio Kröger* de Thomas Mann y *Narciso y Golmundo* de Herman Hesse destacan por su descripción de amistades cercanas . La primera, publicada 1903, narra una intensa relación entre dos jóvenes con apenas unos años de diferencia. Hans y Tonio los dos personajes centrales de la novela, han recibido una educación distinta y su personalidad es asimismo diferente. Durante su juventud establecen una compleja relación llena de matices. Todo comienza con una caminata a casa después de la escuela, durante la cual ambos se embarcan en serias conversaciones. Sus padres eran hombres de un estatus importante en su ciudad. A lo largo de viarias generaciones la familia de Hans había sido propietaria de empresas de madera. Tonio era el hijo del Cónsul Kröger, un comerciante de granos cuya residencia era la mas grande y mejor situada de la ciudad. Tonio escribe en su diario la infatuación que siente por su amigo y las experiencias que le motivan a ser artista y escritor, a llevar una vida bohemia que le permite intelectualizar sus sentimientos, madurando así las experiencias de una amistad muy cercana de juventud.

En la novela de Herman Hesse, publicada en 1930, Narciso es un talentoso maestro en una escuela de claustro. Su destino es la vida religiosa e intelectual. Goldmundo, por el contrario, descubre después de una experiencia sexual con una gitana que no tiene vocación para ser monje. Ayudado por Narciso abandona el claustro para vagar por el mundo y llevar una vida repleta de aventuras amorosas que por poco le cuestan la vida, si no fuera por un reencuentro fortuito con su amigo de juventud, quien le salva de ser ejecutado. Al recuperar su amistad, los dos amigos reflexionan sobre los diferentes caminos que han seguido sus contrastadas vidas.

Jorge Luis Borges aborda el tema de la amistad de manera recurrente, contrastándola a veces con el amor. Borges expone elocuentemente sus ideas sobre la amistad y el amor en el libro que reúne varias entrevistas que concedió a los ochenta años en Buenos Aires y sobre todo en universidades estadounidenses. Entre sus interlocutores se cuentan Willis Barnstone, Alastair Reid, John Coleman, Jorge Oclander y varios mas. En sus respuestas podemos discernir la esencia de su pensamiento sobre el tema. A la pregunta sobre qué significa la amistad para él, una cuestión que se repite a lo largo de las conversaciones, Borges responde: "Creo que la amistad es quizá, el hecho mas esencial de la vida. Amistad, como dijo Adolfo Bioy Casares tiene ventaja sobre el amor, en el sentido de que no necesita pruebas. En el caso del amor, te preocupas siempre por ser amado o no, y te hallas siempre en un estado de ánimo triste y de ansiedad. En la amistad puede suceder que no hayas visto al amigo por más de un año, incluso que te haya despreciado y haya intentado evitarte; pero si eres verdaderamente su amigo y sabes que él es tu amigo, entonces no tienes de qué preocuparte." La amistad, una vez establecida, no necesita de nada, simplemente continúa. En términos borgeanos, la amistad es algo mágico y una especie de hechizo.

Hallamos una visión moderna del concepto de amistad en la novela autobiográfica de Thomas Bernhard, *El sobrino de Wittgenstein*. Ahí se describe con cierto detalle la complicada y al mismo tiempo problemática relación de Bernhard con Paul Wittgenstein, sobrino de Ludwig Wittgenstein, autor del célebre *Tractatus Logico-philosophicus* y uno de los más grandes filósofos de nuestro tiempo.

La primera parte de la novela relata la experiencia de ambos amigos durante su hospitalización en un enorme complejo hospitalario con pabellones separados, localizado en Austria. Bernhard fue tratado ahí a causa de una enfermedad pulmonar, mientras que Paul Wittgenstein padecía una enfermedad de carácter mental.

En el libro, Bernhard ofrece varios ejemplos de la imagen oscura de la salud de su amigo Paul. Desde su infancia éste había mostrado síntomas de una enfermedad que no llega a ser diagnosticada con precisión y que le afligirá toda su vida. Estando ya próximo a la muerte, Paul dijo: "En cada crisis los médicos usarían el término maníaco o depresivo, y siempre estaban equivocados."

El autor describe su relación con Paul rememorando momentos, conversaciones y hechos relevantes, incluidos los problemas que Paul tenía con su familia, inmensamente rica. Relata además la pasión de Paul por la música, sobre todo por la ópera y especialmente por las obras para orquesta de Mozart y Schumann. Bernhard enumera las casas de ópera más importantes que Paul visitó durante sus viajes a Milán, Londres, Nueva York, Berlín. Observa que, según el parecer de su amigo, ninguna podía compararse con la casa de ópera de Viena.

Bernhard cuenta que los amantes de la música consideraban a Paul como uno de los asistentes a la ópera más apasionados de Viena. Era muy temido en las noches de estreno, ya que si mostraba entusiasmo, arrastraba consigo a todo el público. Bastaba que aplaudiera unos cuantos segundos antes que los demás espectadores, para que todos prorrumpieran en ovaciones . Pero si la obra no era de su gusto, daba inicio a los silbidos y las rechiflas, lo que ocasionaba que las producciones más costosas terminaran en fracasos.

Bernhard mismo era amante de la música. Su abuelo lo llevaba regularmente a conciertos, incluidos los que dirigía Herbert von Karajan, a quien admiraba desde niño. Observó y estudió al famoso director durante décadas, considerándolo el director de orquesta más importante del siglo, junto con Carl Schuricht. Por el contrario, su amigo Paul tenía un ferviente odio hacia Karajan, a quien calificaba habitualmente como un mero charlatán.

La música era un área que unía a los dos amigos. Bernhard señala sin embargo los ámbitos donde los gustos e intereses comenzaban a divergir. Él no compartía, por ejemplo, la pasión de Paul por las carreras de autos Fórmula Uno. Procedente de una familia adinerada, Paul había sido piloto de coches de carreras, contando entre sus amigos a varios campeones mundiales en este deporte. Pero en la segunda mitad de su vida Paul se vio obligado a renunciar a las carreras, al no contar con dinero suficiente para costear esa afición y tener que ajustarse al presupuesto que sus familiares le habían asignado.

El libro está lleno de anécdotas de la vida peculiar de su amigo, incluidas las acciones más extrañas y excéntricas, tales como derrochar dinero en restaurantes y bares de lujo. Al respecto, Bernhard relata ciertos caprichos de Paul, por ejemplo su repentino deseo de viajar a París tomando un taxi en el centro de Viena. El conductor, quien ya conocía las excentricidades de Paul, aceptó subirlo a pesar de la distancia y lo llevo a donde una tía parisina, quien debió pagar al taxista el estrafalario y costoso viaje.

Dado que el libro está escrito en primera persona, el lector obtiene una perspectiva única del enorme talento y la personalidad antagónica de Thomas Bernard. Estos rasgos le produjeron muchos enemigos y detractores, lo que, según algunos analistas, fue uno de los impedimentos para obtener un merecido Premio Nobel de Literatura.

Las reiteradas criticas de Bernhard a la sociedad austríaca y su desdén explícito por las ceremonias de entrega de premios fueron materia de controversia. Con humor, Bernhard tildaba tales eventos como lo más insoportable del mundo. Según sus propias palabras: no hacen nada para mejorar la posición del escritor, como él había creído antes de recibir su primer premio, sino que lo rebajan de la manera más embarazosa. Confiesa que solo la idea del dinero asociado con los premios le permitió soportar esa clase de ceremonias.

Entre las vívidas anécdotas de sus desagradables experiencias al recibir premios públicos, se cuenta la ceremonia de entrega del prestigioso Premio Literario Grillparzer en la Academia de Ciencias de Austria, conmemorando el centenario del fallecimiento del famoso escritor austriaco. Bernhard describe su sensación de frustración al llegar a la prestigiosa institución esa mañana con sus amigos y sorprenderse de que no había nadie allí para recibirlo. "Esperé en el vestíbulo durante un buen cuarto de hora con mis amigos, pero nadie me reconoció, y mucho menos me recibió, a pesar de que mis amigos y yo pasamos todo el tiempo mirando a mi alrededor." Bernhard decide entrar al auditorio y una vez sentado entre el publico, narra así los instantes previos a la entrega solemne del premio: "La ministra había tomado su lugar en la primera fila frente al estrado. La Filarmónica de Viena se estaba sintonizando nerviosamente, y el presidente de la Academia de Ciencias, un hombre llamado Hunger, corría angustiado de un lado a otro en el estrado, mientras que solo mis amigos y yo sabíamos lo que estaba retrasando la ceremonia."

El novelista, poeta y ensayista Chileno Roberto Bolaño, en su galardonada novela *Los detectives Salvajes* ("Mexicanos perdidos en México) nos presenta otra manifestación de amistad más relajada y de sentido más amplio: la amistad entre un grupo de jovenes universitarios con los intereses comunes de una generación. La novela está escrita en forma de un diario que relata las relaciones del narrador y personaje central, Juan García Madero, con sus amigos, novias y sus familias en una compleja trama de interacciones y situaciones. El diario describe además los lugares donde viven los distintos personajes, los barrios, particularmente la colonia Condesa, los bares y restaurantes, de la Ciudad de México donde Bolaño vivió muchos años.

La novela comienza con el ingreso del narrador a la Facultad de Derecho, aunque en menos de un mes decide inscribirse en el "taller de poesía de Julio César Álamo, en la Facultad de Filosofía y Letras." Como se trata de una novela narrada sobre todo en primera persona, el personaje presenta a sus amigos que forman un grupo autodenominado "los real visceralistas o viscerrealistas e incluso vicerrealistas como a veces gustan llamarse." El nombre del grupo se inspira en un movimiento literario de los años veinte llamado realismo visceral.

Con gran detalle y sentido del humor la novela relata los debates en el grupo y las divisiones, chistes y argumentos, incluso los insultos y pleitos con el narrador. Estos creaban distancias que posteriormente se resolvían de manera amistosa. Como ejemplo del tipo de interacción dentro del grupo, Bolaño cuenta:

"El cierre de la velada fue sorprendente. Álamo desafió a Ulises Lima a que leyera uno de sus poemas. Éste no se hizo de rogar y sacó de un bolsillo de la chamarra unos papeles sucios y arrugados. Qué horror, pensé, este pendejo se ha metido él solo en la boca del lobo. Creo que cerré los ojos de pura vergüenza ajena. Hay momentos para recitar poesías y hay momentos para boxear. Para mí aquél era uno de estos últimos."

La amistad, como la muestra Bolaño, corresponde a la dinámica entre un grupo en formación muy diverso, cuyos miembros desean sin embargo pertenecer a él, ser parte de él: "Por un momento pensé que Belano y Lima se habían olvidado de mí, ocupados en platicar con cuanto personaje estrafalario se acercaba a nuestra mesa, pero cuando empezaba a amanecer me dijeron si quería pertenecer a la pandilla. No dijeron 'grupo' o 'movimiento', dijeron pandilla y eso me gustó. Por supuesto, dije que sí."

El comportamiento de los amigos cambia con la llegada de las mujeres, que también son parte de los real visceralistas. Con ellas surgen los romances, las ilusiones y desilusiones, los celos y los conflictos entre amistades que se distancian y se reconcilian, tal como ocurre en la realidad. Bolaño llamó a *Los Detectives Salvajes* "una carta de amor a mi generación", a título de testimonio del significado auténtico de la amistad.

Los solitarios

La famosa obra de Fyodor Dostoevsky *Crimen y castigo*, publicada en 1886, ofrece un ejemplo de las implicaciones de la soledad. La conducta del personaje central, Rodion Raskolnikov, antes y después de asesinar a una anciana usurera, es frenética, presionada y a menudo temerosa en sus reacciones a las personas con las que entra en contacto. La soledad y el dilema moral del estudiante mal nutrido y pobre en la rica San Petersburgo lo atormentan al generar en él confusión, paranoia, disgusto y mala conciencia, sentimientos que no puede compartir.

Los problemas y la personalidad de Raskolnikov han sido objeto de estudio y evaluación desde el punto de vista psicoanalítico, sobre todo los orígenes de ese tipo de soledad que se manifiesta desde los primeros años de vida. Se ha investigado en particular la ansiedad que resulta de la separación, del divorcio personal o de los padres, así como el dilema que surge de la necesidad de estar solos que sienten algunos y la incompatibilidad de la soledad con la sociedad. Todas estas situaciones se presentan con gran realismo en la obra de Dostoevsky. En el ámbito psicoanalítico destaca la obra de Erich From *El miedo a la libertad*, en la que él analiza los miedos de algunas personas a la libertad individual, misma que les provoca ansiedad y alienación, de modo que buscan alivio renunciando a ella.

Difícilmente podría decirse que Rainer Maria Rilke haya sido hombre solitario. Estuvo casado con la escultora Clara Westhoff , fue padre de familia y su vida estuvo repleta de tórridos romances con mujeres ricas y famosas, entre los más conocidos el que sostuvo con la escritora y psicoanalista Lou Andreas-Salomé. Su vida fue un continuo viaje de un hogar temporal a otro, principalmente en Italia, Francia, Alemania, Escandinavia, el norte de África y España.

No obstante los viajes y las aventuras afectivas, Rilke experimenta en París una soledad que describe con sumo detalle en una carta a Lou un lugar donde el miedo dentro de él había crecido rápidamente. Era una ciudad donde las personas eran simplemente "transitorias entre los transeúntes, abandonadas y abandonadas a sí mismas en su propio destino".

Los cuadernos de Malte Laurids Brigge, una suerte de novela-diario, presenta la visión que Rilke tenía de París. El narrador nos muestra la soledad que sentía al caminar por París o al sentarse en las bancas de los parques, donde observaba personas con las que no encontraba ninguna afinidad, ahondando así su sensación de aislamiento. En *Los Cuadernos* anota detalles de las personas que pasaban a su lado, "hombres y mujeres, que están en algún tipo de transición, tal vez de la locura a la salud, o tal vez a la locura; todos con algo infinitamente delicado en sus rostros, un amor o conocimiento o alegría, como si fuera una luz que arde de manera lenta, que seguramente podría brillar una vez más si solo alguien viera y ayudara... Pero no hay nadie que ayude."

A propósito de la soledad que la calle producía a Malte, éste escribe: "A menudo tenía que decirme a mí mismo en voz alta que no era uno de ellos, que volvería a dejar esa terrible ciudad donde morirían."

Aunque algunos piensan que la novela abunda en detalles autobiográficos, es importante tener en cuenta la ambigüedad a la Rilke se enfrenta. En París mantiene una cercana relación con el famoso escultor francés August Rodin en 1902, tres años antes de escribir *Los Cuadernos*. En calidad de biógrafo y crítico de Rodin, y más tarde de secretario personal, su relación con el artista y su círculo fue relativamente próxima. Muy posiblemente se pueden rastrear en las conversaciones con Rodin las teorías sobre el arte y el artista consignadas en *las Cartas a un joven poeta*, la famosa colección de consejos de Rilke a Franz Xaver Kappus.

Hallamos otra forma de presentar al solitario o la soledad en la aclamada novela del célebre escritor y filósofo Albert Camus, *La caída*. Desde la primera frase de la novela tiene lugar un monólogo en la perspectiva de la "primera persona", donde el "yo" y el "tú" son utilizados por una sola persona en la narración dinámica e intrigante propia de la ficción.

"¿Puedo, señor, ofrecer mis servicios sin correr el riesgo de entrometerme?", pregunta el personaje principal, Jean-Baptiste Clamence, un solitario juez que reside en Amsterdam, quien con la excusa de ayudar a un extranjero a pedir bebidas en un bar, inicia una conversación sobre el mal genio del camarero y la ciudad. "¿Se va a quedar mucho tiempo en Ámsterdam? Una ciudad hermosa, ¿no es así? ¿Fascinado?" El diálogo continúa, pero el lector solo escucha al narrador e imagina lo que responde el personaje desconocido.

"¿Ya se retira? Perdóname por haberlo detenido. No, le lo ruego; no lo dejaré pagar". De esta forma se ha establecido una relación entre dos personas, ya que el juez responde: "Ciertamente estaré aquí mañana, como todas las noches, y estaré encantado de aceptar su invitación."

Ambos personajes se reencontrarán y su conversación continuará con la voz de Clamence revelando sus antecedentes y sus problemas existenciales personales, con inclusión de una experiencia pasada que cambió su vida permitiéndole descubrir que ella era solitaria, vacía y absurda .

Albert Camus, ganador del Premio Nobel de Literatura de 1957, es uno de los escritores existencialistas franceses más influyentes que además ha logrado aplicar su talento literario a la filosofía. En muchas de sus obras como *La caída* y *El extranjero* podemos descubrir un solitario nostálgico. Camus no tuvo miedo de aislarse oponiéndose a las ideas populares de aquel momento. Esto lo llevó a romper con Sartre y con otros poderosos intelectuales de los años cincuenta que dominaban la escena cultural en Francia. Desafortunadamente, Camus murió relativamente joven en 1960, a causa de un trágico accidente automovilístico.

Buscó la soledad y mantuvo la creencia de que su experiencia personal podría servir como referencia persuasiva para la escritura literaria y filosófica que se refleja en sus obras.

Consideremos finalmente algunos autores contemporáneos. Los personajes de las novelas de Michel Houellebecq, famoso y controvertido autor francés nacido en Argelia, tienen por lo general una vida inestable y solitaria, pasan por interludios románticos de corto plazo, y quedan más bien insatisfechos. La reiterada descripción de este tipo personajes y de sus relaciones en sus novelas, incluida *Sumisión*, sigue un patrón regular. Comienza con la vida estudiantil, evocando amigos de la escuela o de la universidad, que "desaparecen cuando entramos en la fuerza laboral, sumergiendo a la mayoría de nosotros en una soledad tan estupefacta como radical."

Sumisión fue publicada en 2015, pero la historia que narra termina en el año 2022 con la elección de un musulmán como presidente de Francia. Por sus tintes políticos y religiosos causó gran polémica y fue condenada por un gran número de críticos. No obstante estas cuestiones, la novela se concentra sobre todo en el estilo de vida disipado del personaje principal, de modo que nos permite conocer la soledad desde otra perspectiva.

El narrador es un mujeriego cínico que raya en la frontera con lo patológico, tal como lo describe el propio autor. Se trata de un profesor que reconoce nunca haber tenido vocación y que ejercido desganadamente durante muchos años, solo por inercia. Al reflexionar sobre su vida vacía de contenido, admite que no tenía empacho en acostarse con sus estudiantes, sin importarle en lo más mínimo la diferencia de edades. Su desprecio hacia las mujeres se torna explícito cuando presenta a Aurélie como una de sus aventuras pasajeras y piensa, con cierto desprecio, que ella en poco tiempo "renunciaría a cualquier ambición matrimonial, su sensualidad imperfectamente extinguida, la llevaría a buscar la compañía de hombres jóvenes, se convertiría en lo que solíamos llamar un puma, y sin duda seguiría por este camino durante varios años, diez como máximo, antes de que el ahogamiento de su carne se volviera prohibitiva, y la condenara a una soledad duradera." La misma suerte espera a Sandra, otra aventura que confirma la soledad del narrador, incapaz de establecer relaciones duraderas y de sentir remordimientos o empatía.

Algunos terapistas consideran la soledad como la peor enfermedad de nuestro siglo, ya que millones de personas en los países más ricos caen víctimas de la depresión, del alcoholismo y de las drogas como paliativo de su aislamiento. Los síntomas de la soledad son palpables en las redes sociales y los sitios web diseñados para encontrar parejas, los cuales han substituido las antiguas páginas de anuncios de personas que solicitaban compañía.

La naturaleza humana es compleja y la tipología de las personalidades reviste numerosos perfiles o situaciones, como muestran las anteriores reseñas. Ellas representan una muy pequeña selección libre del universo de características o caracteres, tal como aparecen en las obras de Teofrasto, Jean de la Bruyère y Alvaro Uribe que han inspirado el presente ensayo.

He tenido la suerte de disfrutar las obras citadas y aprender de su lectura. Los libros son sin duda fuentes y conductos importantes para comprender algunos aspectos del alma humana. A modo de conclusión quisiera referir un feliz hallazgo: Jesús Silva Hérzog Márquez dedica una de sus últimas columnas al libro más reciente del fundador del Nexus Institute y ensayista holandés Rob Riemen, *El arte de ser humanos*. Cito sus palabras como una forma de finalizar este ensayo, que espero sirva como estímulo para explorar las obras reseñadas.

"Sólo los libros (y las otras obras de arte) que nos muestran como un espejo lo que no queremos ver, los que nos confrontan con las preguntas fundamentales cuyas respuestas no tenemos, los que nos recuerdan los conocimientos y la sabiduría que habíamos olvidados, los que nos enseñan a leer el libro de nuestra propia vida y que, precisamente al decirnos la verdad, nos animan y nos consuela: sólo estos libros nos ayudan a regresar a nosotros mismos, a nuestro mejor yo, para así cambiar el rumbo de la historia." Jesús Silva Hérzog Márquez: "Convertirse en humano", Reforma, Nov. 4, 2023

NOTAS

1. Teofrasto. *Los Caracteres.* Edición bilingüe, en griego y español, de Ignacio López de Ayala realizada por Eduardo Fernández, Ediciones Rialp, S. A., Madrid, 2015.

2. La Bruyère (préf. Emmanuel Bury), *Les Caractères*, Le Livre de Poche, 2004.

3. Baruch Spinoza. *Ética: demostrada según el orden geométrico*. Parte III. Emociones. Sobre el origen y la naturaleza de las emociones. Alianza Editorial, 2011.

4. Arthur Schopenhauer. *El mundo como voluntad y representación*. Alianza Editorial, 2013

5. Lev Tolstói. *Anna Karenina,* Alba Editorial. 2012

6. Benjamin Constant. *Adolfo: Anécdota Hallada Entre Los Papeles De Un Desconocido...* Wentworth Press, 2018

7. Sándor Márai. *La amante de Bolzano*. Salamandra, 2011

8. Lucius Annaeus Seneca. *Letters on Ethics.* https://books.apple.com/us/book/letters-on-ethics/id6445206821

9. Joseph Conrad. *Bajo la mirada de Occidente.* DeBolsillo. 2011

10. Joseph Conrad. *El agente secreto.* Valdemar, 2003

11. Fiódor Dostoyevsky. *Los demonios*. Alianza Editorial, 2011

12. Hermann Hesse and Thomas Mann. Introduction by Pete Hamill. *The Hesse-Mann letters,1910-1955*. Jorge Pinto Books, 2006. http://www.pintobooks.com/ rediscoveredbooks2.html

13. Rainer Maria Rilke, Lou Andreas-Salome, Edward Snow (Translator) *Rilke and Andreas-Salome; a love story in letters.*

W.W. Norton, 1988 https://itunes.apple.com/us/ book/rilke-andreas-salome-love/id831234644?mt=11

14. *Vita Sackville-West y Virginia Woolf Love letters*. Vintage Classic, 2023

15. Fiódor Dostoyevsky. *Crimen y castigo*. Penguin Clásicos 2022

16. Rainer Maria Rilke. *Los Cuadernos de Malte Laurids Brigge*. Posada, 2000.

17. Albert Camus. *La caída*. Tomo, 2014.

18. Michel Houellebecq. *Sumisión*. Anagrama Océano 2014.

19. William Shakespeare. *Antonio y Cleopatra*. Editorial Planeta, 2020

20. Sören Kierkegaard *Diario de un seductor*. Apple Books, 2022. https://books.apple.com/us/book/diario-de-un-seductor/id6443721421

21. Robert Greene. *El arte de la seducción*. Oceano, 2019
Letters to a Young Poet. Dover Publications, 2012. https://itunes.apple.com/us/book/letters-to-a-young-poet/id504543167?mt=11

22. Camilo Boiito. Sense and Other Stories. Apple Books, 2012 https://books.apple.com/us/book/senso-and-other-stories/id523410166

23. Carlson MaCullers. *La Balada del Café Triste*. Seix Barral, 2012.

24. Fiódor Dostoyevsky. *La guerra y la paz*. Saga Edmont, 2023.

25. Lev Tolstói. *La sonata de otoño*.

26. Thomas Hardy. *Tess of the D'Urbervilles* Apple Books. 2016. https://books.apple.com/us/book/tess-de-durberville-espanol/

id1087479638

27. Guiacomo Casanova *The Story of my Life.* Apple Books. 2014.https://books.apple.com/us/book/the-story-of-my-life-the-complete-memoirs/id451929816

28. Sándor Márais. *La amante de Bolzano.* Salamandra, 2011

29. Thomas Hardy. *Tess of the D'Urbervilles* Apple Books. 2016. https://books.apple.com/us/book/tess-de-durberville-espanol/id1087479638

30. Robert Macfarlane. *The Old Ways: A Journey on Foot*, Penguin Books; Reprint edition 2013

31. Gustave Flaubert. *Madame Bovary.* Editorial Alma, 2022.

32. Wolfram Eilenberger. *El fuego de la libertad,* Taurus, 2021

33. Séneca. *Cartas filosóficas o Epístolas morales a Lucilio* Apple Books 2015. https://books.apple.com/us/book/cartas-filos%C3%B3ficas/id680132474

34. Michel de Montaigne *Ensayos.* Apple Books. https://books.apple.com/id982834918

35. Leo Tolstoy. *La muerte de Iván Ilich.* Pocket Classic Apple Books https://books.apple.com/us/book/la-muerte-de-iv%C3%A1n-ilich/id6443264851

36. Baruch Spinoza. *Ética: demostrada según el orden geométrico.* Parte III. Emociones. Sobre el origen y la naturaleza de las emociones. Alianza Editorial, 2011.

37. Arthur Schopenhauer. *El mundo como voluntad y representación.* Alianza Editorial, 2013

38. https://nosweatshakespeare.com/play-themes/death/

39. William Shakespeare. *Hamlet*. Editorial Letra Minúscula, 2022.

40. Leo Tolstoy. *La muerte de Iván Ilich. Apple Books, 2019. https:// books.apple.com/us/book/la-muerte-de-iv%C3%A1n-ilich/ id6443264851*

41. Thomas Mann. *Muerte en Venecia.* Edhasa, 2005

42. Thomas Mann. *Los orígenes del "Doktor Faustus",* Editorial Dioptrías. 2015

43. Irvin D. Yalom. *Un año con Schopenhauer,* Emece Editores, 2004

44. Joseph Conrad. *El agente secreto.* Valdemar, 2003

45. Joseph Conrad. *Bajo la mirada de Occidente.* DeBolsillo. 2011

46. Isaiah Berlin & Henry Hardy. *Russian Thinkers*. Apple Books, 2015

https://books.apple.com/us/book/russian-thinkers/id599799381

47. Irvin Yalom. *El día que Nietzsche lloro*, Editorial Planeta Mexicana, 2013

48. Hermann Hesse and Thomas Mann. *The Hesse-Mann letters,1910-1955*. Jorge Pinto Books, 2006.

49. Mary Soames, *Winston Churchill, Clementine Churchill. The Personal Letters of the Churchills.*Houghton Mifflin Harcourt, 1999.

50. *Rilke and Andreas-Salomé: A Love Story in Letters*. W. W. Norton & Company, 2008

51. Rainer Maria Rilke.*Cartas a un joven poeta*, Ediciones Obelisco, 1997

52. Franz Kafka, *Letters to Milena*, Knopf Doubleday Publishing Group,1990. https://itunes.apple.com/us/book/letters-to- milena/ id655172328?mt=11

53. Vincent van Gogh, *The Letters: The Complete Illustrated and Annotated Edition*, edited by Leo Jansen, Hans Luijten, and Nienke Bakker, Thames & Hudson, London, 2009. http:// www.frick.org/ exhibitions/van_gogh/ theo#sthash.qtsHZYmd.dpuf

54. Sigmund Freud. *Letters of Sigmund Freud.* Edited by Ernest L. Freud. Dover, 1992.

55. Thomas Mann. *Tonio Kröger.* Deconatus, 2018

56. Herman Hesse. *Narciso y Golmundo.* EDHASA. 2012.

57. Jorge Luis Borges & Willis Barnstone. *Borges at Eighty: Conversations.* New Directions, 2013. *(*Traducción libre). Apple Books https://books.apple.com/us/book/borges-at-eighty-conversations/id734261973

58. Thomas Bernhard. *El sobrino de Wittgenstein.* Anagrama, 2006

59. Roberto Bolaño. *Los detectives salvajes.* Debolsillo, 2017.

60. Fyodor Dostoevsky *Crimen y castigo. Penguin Clásicos, 2022*

61. Erich From *El miedo a la libertad,* Editorial Planeta, 2018

62. Rainer Maria Rilke. *Los Cuadernos de Malte Laurids Brigge.* CreateSpace, 2016. En Apple Books https://books.apple.com/us/book/the-notebooks-of-malte-laurids-brigge/id1485970046

63. Albert Camus. *La caída.* Debolsillo. 2021.

64. Michel Houellebecq. *Submission.* Anagrama, 2018. Apple Books. https://books.apple.com/us/book/submission/id981047300

65. Jesús Silva Herzog Marquez. *Convertirse en humano*, Reforma, Noviembre 4, 2023

www.ingramcontent.com/pod-product-compliance
Lightning Source LLC
Chambersburg PA
CBHW020631130626
46552CB00003B/1165